Awaken Your Soul
Rise and Shine

AF285883

Nadine Simmerock

© 2025 Nadine Simmerock
Verlag: BoD · Books on Demand GmbH, Überseering 33,
22297 Hamburg, bod@bod.de
Druck: Libri Plureos GmbH, Friedensallee 273,
22763 Hamburg
ISBN: 978-3-8192-7759-7

"Recordar experiencias negativas y aferrarse a ellas es un abuso del regalo que Dios nos ha dado: la memoria. En su lugar, uno debería hacer el propósito: 'Usaré la memoria solo para traer a la mente pensamientos y experiencias positivas. A partir de este momento, destierro de mi mente todos los recuerdos desagradables. Pertenecen al ser mortal. Soy un hijo del Espíritu. Veré, escucharé, saborearé, tocaré, sentiré y desearé solo lo bueno. Tomaré solo lo positivo de mis experiencias de vida y conservaré en mi memoria únicamente lo bueno.'
Destierra para siempre el mal uso de la memoria."

Paramahansa Yogananda

Dedicatoria

Con todo mi amor, en memoria de ti, querida
Barbara.
Mi querida amiga, siempre llena de amor, que
siempre intentó que las personas se trataran con
más respeto y cariño.
Gracias por seguir bailando y difundiendo tu amor a
través de este libro y de tu alma inmortal.
Con profunda gratitud y amor por tu compañía en la
Tierra y ahora desde el reino astral.
¡Ahora eres nuevamente el ángel que siempre has
sido!
Con todo mi cariño,
Tu Nadine.

ÍNDICE

Introducción- Rise and Shine

En un mundo a menudo marcado por la prisa y las expectativas externas, en el fondo anhelamos un sentido más profundo, una vida que refleje la verdad de nuestro corazón. "Awaken Your Soul" te lleva a un viaje transformador con el poder de iluminar y enriquecer cada aspecto de tu vida.

Este libro es una invitación a detenerte y escuchar el suave pero persistente llamado de tu alma. Te anima a sumergirte en niveles más elevados de conciencia, a desplegar potenciales ocultos y a descubrir la fuerza única que reside en ti.

Encontrarás inspiración para soltar viejos patrones, liberarte de ataduras y hallar el valor para recorrer tu camino auténtico con confianza y pasión.

Rompamos juntos las cadenas de lo conocido y creemos un espacio donde el corazón y el alma bailen en armonía, permitiéndote florecer en la mejor versión de ti mismo/a. "Awaken Your Soul" no es solo un libro, es un despertar hacia una vida llena de significado, plenitud y un potencial ilimitado.

¿Estás listo/a para desplegar la fuerza de tu alma?

Entonces, emprendamos este viaje. Con cada página que leas, reavivarás fragmentos de tu alma, y poco a poco, todos se reunirán hasta que vuelvas a ser tu alma completa, con todo lo que te pertenece: tu camino y tu plan divino activado.

Espero que este libro sea para ti una fuente maravillosa de inspiración y alegría, que captures la ligereza y el gozo de vivir en armonía con tu alma y que nunca más los sueltes.

Resumiendo brevemente: vivimos en un mundo donde a menudo nos dejamos llevar por listas de tareas y obligaciones externas, pero en realidad, la mayoría de las personas anhela momentos de ligereza y verdadera felicidad: esos instantes preciosos en los que el alma respira y el corazón danza de alegría. Esa alegría no es efímera ni depende de factores externos; nace desde lo más profundo de tu ser, de la conexión con tu verdadera esencia.

"Awaken Your Soul" te invita a integrar esa alegría de forma permanente en tu vida. Al liberarte del peso del pasado y dejar atrás las barreras de lo cotidiano, creas un espacio para que tu alma brille con todo su esplendor. En este estado de ligereza, la vida se vuelve más fluida, llena de gracia y abundancia.

A través de la conciencia plena y la búsqueda intencionada de paz interior, incluso los desafíos diarios se convierten en oportunidades para reconocer y potenciar la luz radiante en tu interior. Con cada paso en esta dirección, tu camino se vuelve más claro y más gozoso, impulsado por la energía del corazón.

Emprendamos juntos este viaje para redescubrir el alma en su esencia más pura y crear un mundo donde la alegría sea la fuerza motriz. Porque en la felicidad y la pasión reside la verdadera magia de la vida, y está al alcance de todos nosotros.

Que este libro te inspire a exprimir la vida al máximo, a vivir cada día con entusiasmo, a redescubrir la maravilla de ser tú mismo/a y a sentir pasión por cada momento. ¡Eso es el poder del alma! Y esa fuerza única y la belleza infinita de tu espíritu es lo que quiero despertar contigo.

Espero que cada palabra que leas resuene en tu corazón, que te ayude a descubrir tu propia magia y a reconocer el brillo radiante de tu alma.

¡Gracias!

Rise and Shine, conviértete en lo mejor de lo que eres y ¡vívelo con entusiasmo!

Con amor,
Tu Nadine

La llamada de tu alma

¿Conoces esa llamada a algo más?
La llamada del alma, cuando sientes que ya no estás satisfecho/a, un anhelo de cambio, de renovación, de elevarte más alto. Cuando deseas más, ir más lejos, crear algo más grande, algo extraordinario. Cuando sientes que vas a explotar si no haces un cambio. ¿Lo has sentido?
Si es así, tu alma ha tocado a la puerta de tu corazón, y ha llegado el momento de abrirla.
Hay momentos en la vida en los que, en lo más profundo de nuestro ser, resuena una llamada sutil pero imposible de ignorar: un anhelo que nos dice que es hora de dejar atrás los caminos conocidos y comenzar a crear nuevas realidades. Esa sensación de que nuestro entorno actual ya no se alinea con nuestro mundo interior proviene de nuestra alma, que nos invita a soñar más grande y a actuar en consecuencia.
Si dentro de ti surge el deseo de transformación, si sientes que tu corazón anhela algo tangible, significativo y extraordinario, es el amoroso despertar de tu alma llamando a la puerta de tu corazón.
Te recuerda que eres mucho más de lo que has vivido hasta ahora, que dentro de ti existe una fuerza y creatividad ilimitadas, esperando ser liberadas.
Este impulso interior te desafía a romper las cadenas de la rutina y a trascender los límites de lo ordinario. Es una invitación a darle espacio a la energía de tu corazón y permitir que florezca en toda su magnificencia. Tu alma anhela que descubras tu verdadero propósito y que tengas el valor de expresar tu esencia más auténtica.
No ignores esta llamada. Ábrete a las posibilidades que tienes frente a ti y confía en que tu camino está guiado por la luz de tu interior.
Porque el viaje que tu alma te propone te conducirá a una vida llena de plenitud, verdad y un potencial ilimitado.
No estás solo/a, y a partir de este momento, nunca más tendrás que sentirte así.

Este deseo de MÁS es la llamada de tu alma para que seas todo lo que realmente eres.

He escuchado tu llamada, porque ahora mismo sostienes este libro en tus manos.

Dentro de tu alma yace una fuente de energía infinita, esperando ser descubierta, encendida y, finalmente, vivida.

¡Nunca más atenúes tu luz por nada ni por nadie!

Solo podemos servir al mundo cuando permitimos que la luz de nuestra alma florezca en su totalidad.

Y recuerda: ese anhelo de más, ese deseo profundo de tu corazón, es siempre tu alma suprema, tu corazón supremo, tocando a la puerta de tu esencia para que recibas y des aún más amor y bendiciones.

Este libro es una invitación a una búsqueda del tesoro: TU búsqueda del tesoro.

Y el mayor tesoro de todos… es tu alma.

Conéctate con tu verdadera esencia y conviértete en el/la poderoso/a creador/a de tu propia realidad.

Oh sí, comencemos.

Las diferentes dimensiones de conciencia del ser humano

Vamos directo al grano. Quiero describirte las distintas dimensiones de conciencia que forman parte de nuestra existencia:

En las alturas de nuestro ser, existe un campo multifacético de niveles de conciencia que están a nuestra disposición aquí en la Tierra. De estos hemos surgido, y nos moldean e influyen profundamente. Comprender estas dimensiones nos brinda una poderosa herramienta para diseñar nuestra vida de manera consciente y aprovechar nuestro máximo potencial.

Allí arriba, todo ya te ha sido dado. Allí arriba, todo está cuidado y preparado para ti. ¿No lo crees? ¡Pues espera y verás!

Para mí es fundamental que comprendas estas dimensiones, porque una vez que entiendas cómo estás construido y lo interiorices completamente, nadie podrá venderte otra verdad, confundirte o desviarte de tu esencia. Tú eres el ser más hermoso que existe, y es momento de desplegar todo tu esplendor. Voy a explicarte, desde lo más elevado, cada nivel que tenemos disponible, hasta llegar al cuerpo físico. Sé que experimentarás verdaderos despertares, sentirás que se te caen las vendas de los ojos y que se encienden luces en tu interior. Porque al leerlo, estas dimensiones se activarán nuevamente en ti, y simplemente lo sentirás.

Sentirás la verdad sobre quién eres.

Así que empecemos:

El Núcleo Divino:

En el punto más elevado de nuestra existencia se encuentra el concepto del **Alma Suprema**, el Núcleo Divino. Este reposa en la energía divina, en Dios, y jamás puede ser atacado ni herido. Eso es simplemente imposible. Gracias a esto, estamos eternamente conectados con la Fuente Universal. En ella reside todo el conocimiento divino y la sabiduría absoluta de que somos seres divinos en esencia.

Dentro de este núcleo sagrado se encuentra también lo que llamamos el Corazón Supremo, que a su vez está unido al corazón humano y al Corazón Cósmico, la esencia de la Madre Divina. Intocable, invulnerable. ¿Lo entiendes? En verdad, nada puede hacernos daño. Eres inquebrantable. Y por ello, ya estás completamente abastecido/a de TODO lo que puedas imaginar. Tu corazón ya está conectado con el Corazón Supremo y, por ende, con el Corazón Cósmico. Late en perfecta armonía con el amor absoluto.

Todo es Uno. Todo pulsa al ritmo del Universo, y de ahí te nutres de manera infinita. La luz dorada es tu pulso, tu alimento, tu energía vital… todo al mismo tiempo. Esta fuente suprema jamás se agota. ¿No es maravilloso?

Aquí se manifiesta la verdad absoluta: Eres uno con Dios. ¡Y sí, realmente lo eres!

Quiero compartir contigo un pequeño ejercicio que puedes hacer en cualquier momento para activar instantáneamente tu conexión con tu esencia. También puedes usarlo cuando te preocupes por alguien que está atravesando un momento difícil o incluso en un estado de autodestrucción. Si alguna vez sientes que alguien ha perdido su rumbo, su corazón o su luz, puedes invocar esta dimensión superior para ayudar.

Habla con el Alma Suprema, con el Corazón Supremo de ti mismo/a o de estas personas.

Di: (Para otra persona, cambia a la forma "él" o "ella")
"Por favor, mi amada Alma Suprema y mi querido Corazón Divino. Vosotros latís incansablemente en mí, a través de todos mis niveles de conciencia, hasta descender a mi ser y a mi corazón. Os pido que activéis la sanación en mí, para que mi corazón recupere el ritmo armonioso de ti, amado Corazón Divino, y así también el del Corazón Cósmico. Que toda la luz dorada, cósmica y divina pulse en mí, permitiendo que la sanación comience. ¡Gracias infinitas!"
Luego, déjalo ir con profunda gratitud y ábrete a los milagros.
El Alma Suprema lo contiene todo. Es ilimitada y todopoderosa.

El Alma:

Debajo del Alma Suprema se encuentra el **alma** misma, nuestra esencia más única e inconfundible, aquella que moldea nuestros impulsos más profundos y nuestros anhelos interiores. Contiene la sabiduría de todas las experiencias que nuestra alma ha vivido a lo largo de su existencia y nos guía suavemente hacia nuestro propósito. Aquí es donde se manifiesta nuestra individualidad, nuestro espíritu único. Por eso, en una lectura de mediumnidad, puedo reconocer los rasgos del alma y saber con certeza quién está presente.

Aun así, el alma es luz divina pura, un reflejo directo del Alma Suprema. En esencia, no hay diferencia, salvo que aquí entra en juego nuestra individualidad. Tu alma brilla en tonos rosa, dorado y blanco. Y a través de esa individualidad, se expresan tus fragmentos de alma, esos aspectos únicos que esperan ser liberados y, sobre todo, plenamente vividos aquí en la Tierra.

El alma está rodeada por 12 niveles del alma, que también actúan como un escudo protector. Reflejan los valores fundamentales de un alma, es decir, de un ser humano. Estos 12 valores del alma son nuestro derecho de nacimiento.

Son los siguientes:
1) Dignidad del alma
2) Alegría del alma
3) Amor del alma
4) Evolución del alma
5) Intuición del alma
6) Gracia del alma
7) Humildad del alma
8) Paz del alma
9) Justicia del alma
10) Lealtad del alma
11) Riqueza del alma
12) Protección del alma

Los explicaré en detalle en un capítulo posterior.

Aquí un pequeño ejercicio para activar tus fragmentos de alma y los 12 niveles del alma:

Di:
"Mi querida alma, eres luz y belleza en su máxima expresión. Todos mis 12 niveles del alma y mis fragmentos ya están en mí, listos para manifestarse plenamente. Te pido que los actives ahora, para mi mayor bien y el bienestar de todo y de todos. Que tu energía recorra cada parte de mi ser, despertando y fortaleciendo todo lo que ya vive en mí. Respiro profundamente y con cada inhalación siento cómo mi alma y mi esencia se expanden, alineándose con mi conciencia más elevada, con mi Alma Suprema y mi Corazón Supremo. Gracias, gracias, gracias."

La Mente Superior:
La **Mente Superior** actúa como un puente entre nuestra alma y nuestra mente consciente. Nos ofrece percepciones e intuiciones que nos invitan a ver más allá de lo evidente, a reconocer nuevas posibilidades y, sobre todo, a recordar que somos alma.
Podemos imaginar la Mente Superior como si estuviera en la cima de una montaña, en perfecta sintonía con nuestra Alma Suprema y nuestra alma individual. Desde allí, tiene una visión panorámica, abarcando todas las direcciones y todas las líneas temporales. Ve con claridad cuál es la mejor para ti, aquella alineada con tu propósito más elevado. ¿Estás listo/a para aceptarla y activar tu plan álmico más elevado? En este nivel se encuentran precisamente el plan del alma, las líneas temporales y la línea del alma que te corresponde. ¡Es fascinante, ¿verdad?!
Es todo tan emocionante y tan maravilloso, ¿no es así? ¡Está todo ahí, todo preparado para nosotros!
Lo ideal es que nuestra Mente Superior esté en plena conexión con nuestra mente consciente. Ambas deberían formar una profunda alianza, comunicarse fluidamente y trabajar juntas en armonía. La Mente Superior es extraordinaria, y está esperando a que retomes el contacto con ella, para que a través de su guía puedas alinear tu

conciencia, tus líneas temporales y tu plan del alma. Es la voz de nuestra alma, hablándonos de manera constante y amorosa.
¿Te gustaría activarla ahora mismo?

Entonces di:
"Querida Mente Superior, te amo y te agradezco por estar siempre conmigo, por haber velado por mí aun cuando no era consciente de tu infinita ayuda y cuidado. Ahora lo soy, y mi gratitud es inmensa. Te pido que actives ahora mismo, con todo tu amor, una conexión directa con mi conciencia, que anhela tu guía y amistad. Activa mis líneas temporales, mi línea del alma más elevada y enciende un fuego de transformación que despierte en mí el esplendor de mi plan del alma dorado. Todo en mí vibra en tu perfección, y me maravilla la belleza que despiertas en mi ser. A través de la intuición, me brindas tu sabiduría y claridad, y es un honor poder manifestarte en esta Tierra a través de mí. ¡Gracias, gracias, gracias!"

Ahora el nivel de la Mente Superior se divide en 2 niveles

Nivel de Creación:
Este es el nivel de la manifestación, el espacio donde puedes crear y dar forma a todo lo que deseas. Aquí se encuentra el umbral entre lo visible y lo invisible, el punto donde lo que aún no se ha materializado toma forma y se convierte en realidad en la Tierra. En este nivel posees un lienzo dorado, una herramienta poderosa que puedes volver a utilizar para dirigir tu energía y manifestar conscientemente aquello que anhelas. ¡Eres un magnífico arquitecto energético! Tienes la capacidad de construir y dar vida a cualquier creación que imagines. Aquí, todo es posible. Aquí puedes utilizar todo tu poder creativo y hacer visible lo invisible. ¡Por eso he creado el seminario "Arquitectura del Aura" para que puedas aprenderlo de forma muy específica!
Tu Mente Superior influye directamente en este nivel, por lo que, cuando manifiestes algo, hazlo siempre en sintonía con ella. La

Mente Superior es tu guía, tu protector, tu mago y tu vidente. ¡Yo siempre digo que es mi todo!

¿Quieres volver a usar tu lienzo dorado?

Di:

"Llamo nuevamente a la vida a mi lienzo dorado. Ahora te veo ante mí, inmenso y radiante. Estás nutrido por el rayo dorado de la Madre Tierra y el rayo dorado del Universo. Todo lo que plasmo en ti se convierte en realidad, todo lo que te toca se transforma en oro. Te amo, mi lienzo dorado, y aquí y ahora coloco en ti mi primera manifestación, en perfecta armonía con mi Mente Superior y mi Alma Suprema."

Visualiza ahora tu verdadero deseo del alma, ya sea como una imagen clara o una escena en movimiento que se reproduce una y otra vez ante ti.

Luego, entra en tu lienzo y siente cómo todo cobra vida: la vibración, la alegría, la luz dorada, la certeza absoluta de que ya es real.

Siente la plenitud, la expansión, el gozo. No hay dudas, es un hecho.

Ahora, sal del lienzo, pero al haberlo impregnado con tu energía y tu esencia, este sigue vivo. Todas tus dimensiones de conciencia están ahora trabajando en conjunto para que se materialice en tu realidad. ¡Ya es una realidad!

"Gracias, gracias, gracias."

El Blueprint:

El término *"Blueprint"* se usa a menudo para referirse a un plan detallado o un modelo para crear y diseñar algo. En tu nivel del *Blueprint*, reside todo lo que has logrado o creado a lo largo de tu existencia. Aquí se encuentran tus pasos de desarrollo personal, sirviendo como una guía con estrategias claras para alcanzar tus objetivos en esta vida.

El *Blueprint* trata de desplegar el camino que trazaste antes de nacer, basado en tus talentos únicos, experiencias y pasiones. Te ayuda a recorrer tu más alto camino del alma y a transformar tus dones en una vida plena y llena de propósito. Funciona como una

brújula interna, guiándote con precisión, ayudándote a superar obstáculos y a manifestar la vida con la que sueñas.
¿No es maravilloso?

Di:
"Querido Blueprint, en ti ya existe todo lo bueno en mí: la magia, los milagros y todo el poder creador. Te pido que ahora resurjas con toda tu fuerza. No necesito buscar desesperadamente en la Tierra, esto me queda claro. Puedo reactivarte con el oro del universo, con el amor de mi Alma Suprema y con la pasión de mi Mente Superior. Extiendo mis brazos y me abro a los milagros. Todo ya está aquí y ahora se activa.
¡Muchas gracias!"

El Colectivo de Masas:
En la comunidad de nuestra especie, existe el **Colectivo de Masas**, un espacio de conciencia compartida que nos conecta y al que tanto aportamos como recibimos. Aquí fluyen experiencias y enseñanzas colectivas que podemos integrar en nuestra percepción individual.
El Colectivo de Masas une a todas las almas que están actualmente en la Tierra, y hemos aceptado estar aquí, en este momento, junto a todas ellas.
En este nivel se encuentran las reglas y formas de vida actuales, por lo que, por favor, hazte un favor y no vayas en contra de todo, drenando tu propia energía. Un ejemplo: el Wifi. Sí, es cierto que sus frecuencias pueden ser perjudiciales. Probablemente se podrían haber elegido otras frecuencias más saludables para el ser humano, pero no se hizo. ¿Puedes rebelarte contra ello? Por supuesto. ¿Sirve de algo? No.
Y eso es lo que representa el Colectivo de Masas: acéptalo. En lugar de desgastarte luchando contra lo que ya está establecido, es mucho más útil encontrar formas de proteger tu cuerpo, tu ser y tu aura, para que puedas vivir dentro de este colectivo que, mucho antes de nuestra llegada, ya había decidido que en esta época existirían cosas como el Wifi.

Aquí se encuentran las reglas del juego del mundo para todas las almas que están aquí en este momento.
¿Lo entiendes?
No desperdicies tu valioso tiempo resistiéndote a ello.
En su lugar, usa tu energía para crear algo hermoso para el Colectivo de Masas.

Di:
"Muchas gracias, querido Colectivo de Masas, por tu amor infinito, en el que nos sostienes a todas las almas que estamos ahora en la Tierra, nos conectas y nos ofreces siempre el camino más elevado. Estoy listo/a. Ahora me pongo a tu servicio como herramienta y canal para que puedas obrar a través de mí en la Tierra. Soy tu instrumento dorado.
Estoy preparado/a. ¡Gracias infinitas!"

El Nivel Individual:
En el **Nivel Individual**, definimos nuestra identidad personal y nuestra autoimagen. Tú aceptaste estar aquí, en este momento. Elegiste la vida en la Tierra y preparaste todo para ello. Todo. Mucho antes de nacer, ya habías decidido vivir esta vida.
En este nivel también encontramos todo el karma no resuelto, es decir, aquello que aún necesita ser sanado y llevado a la paz. Situaciones, eventos, traumas del pasado, incluso relacionados con otras personas. Aquí es donde realmente está el karma o lo que aún no ha sido liberado. Pero aquí también es donde se puede ver, reconocer y, finalmente, sanar a través del perdón y la comprensión. Si sientes que estás atrapado/a en un bucle interminable, donde constantemente te dicen: "Aquí aún tienes algo que sanar, aquí también, y allá hay otra conexión pendiente, y además esto otro…", entonces es momento de salir de ahí. Si sigues en ese ciclo, tanto tú como quien intenta ayudarte han caído en las creaciones ilusorias de sombras. Si metes la mano en el lodo, solo encontrarás más lodo. Es un círculo vicioso en el que te quedas atrapado/a, intentando liberar karma, vidas pasadas, dolores antiguos, sin llegar

19

nunca a una verdadera solución. Se convierte en un proceso interminable de sanación que nunca termina. ¡No caigas en la trampa de las sombras sin fin!

¡No te hagas esto más, porque es absolutamente FALSO! No encontrarás el karma ni lo no resuelto en las creaciones de sombras, porque son solo ilusiones.

Si en tu nivel individual del alma queda algo pendiente, lo resuelves y sigues adelante, más radiante y luminoso. ¿Lo entiendes?

Este es tu nivel más personal, donde se encuentra todo lo que has sido y lo que eres. Absolutamente todo está almacenado aquí. Aquí también residen tus Registros Akáshicos y tu maravillosa Estrella del Alma, que contiene toda tu esencia, brilla intensamente y siempre intenta mostrarte el camino.

Y lo más hermoso de todo es que tú mismo/a te preparaste. Ya dejaste aquí todas las herramientas, todo el conocimiento y toda la sabiduría que necesitas para superar cualquier desafío, ya sea relacionado con el karma o con cualquier situación actual. ¿No es increíble? ¡Eres increíble!

Antes de venir a la Tierra, ya pusiste a tu disposición todo lo bueno y útil que podrías necesitar.

Dite a ti mismo/a:

A partir de hoy, nunca más estaré dispuesto/a a buscar soluciones en las creaciones de sombras terrenales.

Hoy he comprendido que, si aún hay algo no resuelto, sin importar de qué tiempo provenga, la razón o el motivo, ya sea causado por mí o por otra persona, acudiré a este nivel y pediré liberación y la herramienta adecuada para ello, pues ya está disponible para mí.

Al mismo tiempo, perdono y sé que he sido perdonado/a.

Ahora pido la activación de mi Estrella del Alma, para que vuelva a guiarme y conducirme por el camino correcto.

Por favor, haz que mis Registros Akáshicos brillen ahora, trayendo solo lo mejor para mí.

Recuerdo nuevamente todo lo que puse a mi disposición y me alegro por ello.

¡Así de simple es! ¡Muchas gracias!

El Nivel Subconsciente:
Ahora llegamos al **nivel inconsciente**, donde residen patrones y condicionamientos profundamente arraigados. A menudo ocultos, ejercen una gran influencia sobre nuestras acciones y decisiones. Nuestros pensamientos, creencias, emociones y comportamientos se manifiestan aquí y juegan un papel fundamental en la configuración de nuestra vida. En el subconsciente también se encuentran todos los patrones heredados, los programas familiares, asuntos ancestrales y, por supuesto, las influencias de la infancia. En este nivel, nuestro triángulo interno se compone de emociones (corazón), pensamientos (mente) y acciones (cuerpo). Idealmente, estos tres aspectos deberían estar en equilibrio, funcionando en armonía como un equipo que trabaja a nuestro favor, impulsando nuestra fuerza mental, estabilidad emocional y capacidad de acción positiva. Cuanto más equilibrada sea esta interacción dentro de nosotros, más equilibrados seremos y más fluida será nuestra vida. En esta dimensión también reside nuestra resiliencia y nuestra capacidad para avanzar con valentía.
Este nivel es sumamente importante, porque aquí se origina el ego. Si todo está equilibrado, poseemos un ego positivo, lo que significa que podemos establecer límites sanos, somos empáticos, sinceros, fuertes y vivimos tanto para nuestro bienestar como para el bienestar colectivo.
Si el triángulo está en desequilibrio, surge un ego negativo, caracterizado por el egocentrismo, la falta de empatía, el miedo, la crítica constante, la ira y un enfoque únicamente en uno mismo. En este estado, las creaciones de sombra pueden volverse atractivas. Para mí, hay algo muy claro: nunca nos desharemos del ego, ni deberíamos querer hacerlo. En su estado positivo, nos sirve, refuerza nuestra individualidad y nuestra fortaleza. Sin embargo, muchas veces el ego se asocia únicamente con lo negativo. En lugar de luchar contra él, ¡alégrate de tu independencia y de tu forma única de expresarte! Solo necesitas que tu equipo interno esté de tu lado.

En el nivel subconsciente reside TU equipo, es decir, todos tus sistemas de creencias, programas, emociones y procesos mentales. Estos deberían actuar como un grupo de animadoras que te animan, te motivan y están ahí para ti todos los días.

Deberían decirte: "¡Eres increíble!", "¡Puedes lograrlo!", "¡Eres exitoso/a!", "¡Te amo!"…

Si esta dimensión tiene programaciones erróneas, tu equipo, en lugar de apoyarte, se vuelve en tu CONTRA. En ese caso, es momento de reemplazar ciertos miembros del equipo o de formar un nuevo equipo.

Pero recuerda: todo lo que está mal programado en ti se encuentra en este nivel, no en las creaciones de sombra, en el barro del cual podrías no encontrar salida.

Si sanas y reprogramas aquí, el proceso tiene un final, porque cuando todo tu equipo está de tu lado, ¡tienes un equipo de animadoras que te apoyará para siempre!

¿Estás listo/a para tu transformación?

Entonces dite a ti mismo/a:
"Querido triángulo, gracias por estar aquí. Ahora estoy listo/a para equilibrar todo lo que necesita armonía en mis emociones, en mis pensamientos y en mis acciones.

Hoy también estoy dispuesto/a a soltar todo lo antiguo que ya no me sirve. Todas las programaciones del pasado, ya sean de mi infancia, de mis padres, de memorias familiares, de enredos ancestrales no resueltos, del aquí y ahora, o de vidas pasadas, tiempos, planos o dimensiones.

No importa si fueron implantadas en mí o si las asumí voluntariamente. Pido ahora que el oro de esta maravillosa dimensión transforme, sane y transmute todo lo que sea posible en este momento.

Ahora formo un maravilloso equipo de animadoras que me apoya, me motiva, me anima y me fortalece.

¡Agradezco mi expresión individual!"

La Conciencia- Mente Física:

¡Ahora pasamos del subconsciente a la conciencia!

Nuestra **conciencia** es el nivel que experimentamos de la manera más directa, ya que está conectada al cuerpo a través de la mente física. Aquí, los estímulos externos se encuentran con nuestras reacciones internas, y decidimos cómo responder al mundo que nos rodea. Esta experiencia consciente nos permite moldear activamente la realidad y evolucionar.

Como se mencionó antes, este nivel debería mantener una profunda amistad con la Mente Superior. De este modo, nuestras emociones –intuición– y nuestros pensamientos –inspiraciones– nos guían y conducen, permitiéndonos tomar las decisiones correctas y actuar positivamente en favor de nuestro camino más elevado del alma.

Puedes imaginar que aquí se incluye todo lo que está disponible para nosotros: nuestra aura, campo toroide, campo diamante, chakras, canales psíquicos, órganos sensoriales, cuerpo y mucho más.

El aura es la energía que nos rodea: somos nosotros. Alrededor del aura se encuentra primero el llamado campo diamante, un campo energético indestructible que nos protege y nos conecta con la esencia de nuestra alma. Más externamente, se halla el campo toroide, un campo energético auto-regenerador que nos envuelve. Cada planta posee un campo toroide, cada piedra, cada manzana, cada animal, incluso la Tierra.

Todo es energía, y es fundamental reconocerlo. Incluso en este nivel, hemos preparado todo lo bueno; casi podríamos decir que nunca estamos solos. Dentro del cuerpo, por supuesto, tenemos los chakras, los canales psíquicos, las percepciones sensoriales y mucho más.

Todo es una sinfonía, un flujo armonioso de energías entrelazadas. Eres una maravillosa composición de diferentes esferas y frecuencias energéticas. Tienes muchos ayudantes a tu lado y, lo más importante, todo lo que has preparado para avanzar con seguridad en tu camino del alma.

Dite a ti mismo/a:
"Te doy las gracias, querida dimensión de la conciencia, por tu incansable ayuda. Todo el oro fluye ahora a mi campo toroide, a mi campo diamante, llena toda mi aura, mi cuerpo y, por supuesto, mi mente física, mis chakras, mi columna vertebral, mi ADN, todos mis órganos, mi cerebro y mis nervios cerebrales. Y, en especial, llena mi chakra de los pies y mi chakra del Yo Superior, que sostienen mi campo toroide.
Soy una maravillosa sinfonía de frecuencias entrelazadas, densas y sutiles.
¡Muchas gracias!"

Las Creaciones de la Sombra:

¡Ahora llegamos al nivel de la sombra! En realidad, la dimensión de la **creación de sombras** ni siquiera está en nuestro campo; ni siquiera nos pertenece. No es un nivel divino creado para nosotros. Es un campo de energía generado por los propios habitantes de la Tierra. Se convierte en realidad cuando nos sentimos desconectados de los niveles superiores, y entonces las creaciones de sombra de este mundo parecen reales. Es decir, todo se convierte en una amenaza: reinan el caos, el drama, el miedo, el dolor, el sufrimiento, el odio, la ira, el poder, la manipulación, el abuso y la muerte.

Es el reflejo del mundo, de la humanidad, de los contrastes y de la impermanencia. Si empiezas a excavar en el barro, solo encontrarás más barro. Es decir, si permaneces en esta dimensión pensando constantemente que debes resolver algo, que tienes que descubrir algo más, que alguien te miró mal, que debes encontrar un karma o un defecto en ti mismo/a... entonces nunca terminarás, porque en el barro de las creaciones de sombra solo hay más barro. Siempre encontrarás a alguien ahí abajo que quiera hacerte daño, que no sea honesto, que aún abuse o engañe. Pero todo esto solo te afectará hasta que reconozcas que este nivel de energía no te pertenece. ¡Reconócelo! ¡Esto no eres tú en verdad! Es lo que el mundo visible intenta hacer con el mundo invisible, porque aquí en la sombra eres increíblemente bueno/a creando sombras, monstruos, infiernos.

¿Entiendes que en realidad esto no tiene nada que ver contigo? No está en tu campo energético; cobra vida en el momento en que nacemos en este mundo.

Son creaciones de pensamientos, emociones, sentimientos y creencias en el cuerpo y en la materialidad del ser humano.

En esta energía te encoges, te vuelves pequeño/a y frágil.

Pero solo mientras sigas creyendo en ella. Cuando comprendes quién eres realmente, este mundo de sombras comienza a desvanecerse.

Dentro de las creaciones de sombra, es como si estuvieras atrapado/a en un bucle infinito, esperando toda la vida a que todo mejore.

Aguantar, resistir y esperar son las energías fundamentales de esta dimensión.

¿De verdad quieres eso?

Cuando comprendes los verdaderos niveles de conciencia, este conocimiento te empodera para vivir una vida llena de claridad, conexión divina y propósito.

Porque entonces vives desde tu alma, en tu más alto estado del ser.

¡Wow! ¡Eso es increíble! Eres increíble. Tienes todo lo que necesitas para desplegar tu alma.

Este conocimiento te da la herramienta más poderosa: la capacidad de elegir conscientemente y de diseñar tu propio viaje en armonía con tu verdadero ser.

¡Con este conocimiento, recuperas tu poder!
¡Felicidades!
Eres un ser creador y maravilloso, y cuando desentierras esa verdad, ocurren milagros.
Tu magia explota y brillas, simplemente porque eres tú.

El derecho de ser MARAVILLOSO/A y RICO/A

Ahora sabes exactamente qué alma tan maravillosa y abundante eres. Eres una fuente de creación increíble, tu energía es ilimitada y la sustancia energética pensante del universo solo espera a que la uses y le des forma.

Amo cada alma, amo la belleza de cada ser humano. Siempre he utilizado mi don para ayudar a las personas a redescubrir la belleza de su alma. Mi llamado siempre ha sido despertar el alma de cada persona. Mi amor es inmenso, porque cuando te liberas, puedes convertirte en un líder en este mundo, un líder sanado, listo para crear algo mucho más grande que solo para sí mismo/a.

A partir de hoy, eleva tu energía, asciende a todos los maravillosos niveles de conciencia que están a tu disposición, pero nunca más bajes a las creaciones de sombra.

Tu energía es demasiado valiosa como para dirigirla al campo negativo y, al hacerlo, hacerte sentir pequeño/a e insignificante. Tienes la fuerza del alma y el derecho divino de vivir tu propia belleza.

La esencia del poder del alma

Nuestro poder del alma es la fuente de nuestra creatividad, valentía y guía interior. Refleja nuestros valores, sueños y los dones únicos que estamos destinados a compartir con el mundo. Cuando entramos en nuestra fuerza interior, reconocemos nuestra singularidad y comenzamos a ver la vida desde una perspectiva de posibilidades en lugar de limitaciones.

El derecho innato a la abundancia

Desde nuestro nacimiento, todos tenemos el derecho de vivir en riqueza y abundancia en todos los sentidos. Esta abundancia va más allá de la prosperidad material; abarca la plenitud emocional, mental y espiritual. Vivir en abundancia significa estar en armonía con uno mismo y con el entorno, creando relaciones, una vocación y experiencias diarias que estén alineadas con nuestra verdad interior.

El viaje hacia la plenitud

Entrar en nuestro pleno poder del alma es un viaje que requiere valentía, dedicación y el despertar del amor propio. Comienza con la decisión consciente de explorar nuestra verdad y desprendernos de las máscaras que hemos llevado por miedo o por adaptarnos a los demás. Este camino nos invita a encontrarnos con compasión, amor propio y aceptación, mientras nos liberamos de creencias limitantes y dudas sobre nosotros mismos.

El poder de la autenticidad

Vivir desde nuestro poder auténtico significa alinear nuestros pensamientos, palabras y acciones. Implica ser honestos con nosotros mismos y con los demás, incluso cuando el camino parece desafiante. A través de la autenticidad, no solo nos inspiramos a nosotros mismos, sino que también motivamos a quienes nos rodean a vivir su propia verdad y descubrir su belleza única.

La belleza del ser

Cuando habitamos en nuestro poder del alma, nuestra belleza interior florece: una belleza que surge del amor propio, la verdadera plenitud y la paz interior. Esta presencia radiante atrae a personas afines, oportunidades, puertas abiertas y experiencias que están alineadas con nuestra visión más elevada de nosotros mismos.

El llamado

Acojamos este derecho de nacimiento con orgullo. Entremos en el poder de nuestra alma compartiendo nuestros talentos y pasiones únicos con el mundo. Dejémonos guiar por la visión de una vida llena de belleza, abundancia y propósito. La posibilidad de vivir plenamente esta belleza reside en cada momento y en cada decisión que tomamos. Recuerda que la llave ya está dentro de ti. Tienes el derecho de reclamar tu máximo poder del alma y de enriquecer este mundo con tu luz radiante.

Desde mi nacimiento, tengo el don de la clarividencia. Mi mundo está compuesto principalmente de energías, y sé que en el universo, a nuestro alrededor, en todo momento, existe una sustancia pensante, una energía a partir de la cual todo es creado. Cada alma es un pedazo de cielo que ha venido a la Tierra, pero que, lamentablemente, suele olvidar su extraordinario poder y se reviste una y otra vez para interpretar un nuevo papel. No solo nos vestimos con un cuerpo y prendas de ropa, sino también con géneros, profesiones, nacionalidades, y muchas otras identidades.

Sin embargo, cada uno de nosotros lleva dentro un regalo, un don único para ofrecer al mundo.

Imagina que te quitaras todas esas vestiduras y te quedas siendo solo tu pedazo de cielo, tu alma en su esencia más pura. Entonces, podrás compartir ese regalo con el mundo.

En verdad, ese pedacito de cielo es, por supuesto, el alma. Siempre está presente; solo necesitamos permitirle brillar nuevamente bajo todas las capas de sombra que la han cubierto.

Para mí, es un honor ser clarividente, y siempre intento explicar todo de la manera más clara y sencilla posible. Suelo decir que hay que "traerlo a la Tierra", es decir, hacerlo real, comprensible y aplicable ¡para todos!

Las leyes del universo son simples, como ya sabes. No son complicadas. Todo lo que parezca complicado, o donde intenten hacerte creer que lo es, todo lo que te haga pensar que debes cavar en el barro, que tienes que hacerlo todo solo, ¡déjalo a un lado de inmediato!

Todos esos conceptos confusos o enredados provienen de las creaciones de sombra.

Todo lo demás es sencillo.

En el capítulo anterior sobre los diferentes niveles de conciencia, lo interiorizaste. Viste que todo está preparado para ti. Si diriges tu atención hacia arriba, verás que estás cuidado, acompañado, que todo es ligero, que ya has tomado precauciones y que eres sostenido por tu Alma Suprema.

¡TÚ eres un ser creador!

Tu propio pensamiento es un poder creativo. Un pensamiento que sostienes con firmeza puede crear cualquier cosa, porque con él das forma a la sustancia sin forma del universo en tu lienzo dorado y lo traes a la Tierra.

Es completamente erróneo creer en la escasez, porque la escasez es una de las creaciones de sombra. ¡TÚ eres el ser más MARAVILLOSO y ABUNDANTE de este universo! ¿Lo ves?

En este libro, te mostraré cómo usar tu energía creadora, de manera simple y clara, pero con la más alta eficiencia. En realidad, ya has comenzado.

El universo no es complicado ni confuso. No, es hermoso, dorado y próspero.

Como veo las energías, sé con certeza que nada permanece inmóvil. Todo el universo está lleno de vida y en constante búsqueda de EXPANSIÓN, CRECIMIENTO y RENOVACIÓN.

Por lo tanto, TÚ tienes derecho a evolucionar continuamente, a usar todo tu poder, a mostrar tu belleza y a disfrutar de la riqueza que ya posees. A partir de hoy, te expandes hacia arriba, floreces hacia arriba, porque vienes de arriba.

Nunca deberías conformarte con menos y mucho menos con las creaciones de sombras. ¡Eres un ser extraordinario aquí en el universo, con un poder ilimitado de positividad, amor, belleza, elegancia, energía y riqueza! Deja a un lado lo negativo. Deja ir los pensamientos y emociones erróneos, especialmente aquellos que están acumulados, llenos de miedo o ira. Nuevamente, TODO ello son, en realidad, creaciones de sombra.

No dependes de nadie ni eres inferior a nadie, ni siquiera a un gobierno. Claro que podría concentrarme en todo lo negativo, en cada informe de los medios, en la televisión, lo que hace un político, un gobierno, las enormes corporaciones, la industria farmacéutica, la publicidad, etc. … en lo que todos hacen mal, cómo te utilizan.

PERO, entonces entrarías en esas creaciones de sombra, todo eso son herramientas de las creaciones de sombra aquí en la Tierra.

Claro, la política sabe cómo generar campos de tensión, los informes de los medios están diseñados para manipular y, por supuesto, la industria de la publicidad sabe exactamente lo que está haciendo.

La publicidad es un tema interesante y quiero hablar brevemente de ello. ¿Qué sucede exactamente cuando ves un anuncio?

Primero, saben exactamente que nuestras emociones están al mando. Tus emociones te ponen en movimiento, así que las usan. Saben que si la publicidad solo permanece en la conciencia de las personas, no tiene el mismo efecto que si llega al subconsciente. En la conciencia, tienes el poder de elegir, si necesitas eso o no.

¿Quiero aceptar esta información o no?

¿Conoces los términos inductivo y deductivo?

Tu conciencia tiene el poder de actuar de manera inductiva, elige lo que quiere permitir en su subconsciente y lo que no. Por el contrario, tu subconsciente actúa de manera deductiva, solo acepta. No puede elegir, pero en él tienes a tu equipo de animadores.

El subconsciente debe confiar en la conciencia, que es la que elige sabiamente y solo deja entrar lo mejor.

Entonces, ¿qué hace la publicidad?

Engaña a tu conciencia a través de las emociones. Hábilmente elude la barrera inductiva natural y, por lo tanto, la publicidad actúa directamente en tu subconsciente. ¡Y de repente necesitas todo lo que quieren que necesites! Seguramente te preguntas, ¿cómo se engaña esta barrera natural de protección?

A través de estas 3 emociones:
-Fascinación
-Shock
-Aprobación

Justo en el momento en que te asustas con una película, estás completamente sumido en sentimientos de amor o lloras, es decir, cuando estás emocionalmente involucrado, se activa la publicidad y ahí es cuando ocurre la sugestión. Esto pasa en YouTube y en otros lugares. ¡Presta atención y obsérvalo con cuidado!

No dejes que te hipnoticen y te empujen hacia una pobreza mental, enfocándote en todas esas creaciones de sombra. Eres uno de los seres MÁS MARAVILLOSOS y RICO. Me duele el corazón cuando veo cuántas personas están perdidas, atrapadas en la energía de sombra, esperando a que algo suceda o a que alguien las salve.

En las creaciones de sombra, la espera y la resistencia son una de sus características, porque ahí abajo no eres capaz de crear, de generar.

Desde pequeña, siempre quise una sola cosa: que cada persona se conecte con su potencial, comparta su belleza, fuerza, energía y amor con el mundo.

¡ERES ALMA! ¡Eres el ser más rico que existe!

Si sigues las bases de este libro realmente, serás uno de los seres más ricos, tanto por dentro como por fuera. ¡No hay nada de malo en ser RICO! ¡Todo el universo es RICO!

Está lleno de belleza mágica, riqueza, renovación, amor, alegría y gratitud. ¡Y TÚ también lo eres, eres el reflejo de ello!

Recibe de nuevo tu derecho de nacimiento.

¡Es tu derecho de nacimiento! Así es, y no de otra manera. ¡Elévate!

La verdad es:

Eres alma y tienes un cuerpo.

Eres el ser MÁS HERMOSO y RICO, porque eres alma y posees el poder creador que puedes usar a través de tu mente y tu cuerpo, dándole expresión.

Ve a los campos superiores que están a tu disposición y no esperes más por algo, ¡sino crea!

¡Eres el creador de tu vida!

Mi clarividencia

Quiero aprovechar este momento para compartir mi profunda gratitud con vosotros, gratitud por un regalo que me ha sido concedido y que ha enriquecido mi vida de una manera tan milagrosa, como ahora espero poder devolvéroslo a vosotros: mi clarividencia.

Este regalo siempre me ha abierto el mundo energético. Como puedes ver ahora, un mundo lleno de estos maravillosos niveles de conciencia, lleno de amor, perspectivas, intuiciones y conexiones que van más allá de lo obvio. La clarividencia no solo me permite reconocer las facetas ocultas de la vida, sino también ver con una profundidad que va mucho más allá de lo físico.

Me siento infinitamente bendecida por tener este don en mi vida, y por eso siempre ha sido lo más importante para mí compartirlo: comunicar lo que veo. No solo en mis lecturas de aura o lecturas de ángeles, sino sobre todo para mostrar cómo cada ser humano puede regresar a su poder. Mi clarividencia es mi brújula, que siempre me ha guiado hacia el crecimiento interior, el entendimiento, el amor y la compasión. Aporta claridad en todas las situaciones de la vida y da dirección. Pero, sobre todo, me da la oportunidad de apoyarte e inspirarte en tu camino único.

En un mundo donde las incertidumbres y los desafíos se han vuelto omnipresentes, siento que es una tarea valiosa usar este regalo para traer luz a caminos desconocidos. Por eso, me importa profundamente compartir contigo este espacio de posibilidades, para que juntos experimentemos confianza e invencibilidad.

Que este regalo de la clarividencia, como un suave rayo de luz, siempre ilumine el camino, no solo para mí, sino, sobre todo, para ti y para todos los seres humanos. Mis queridos lectores, os agradezco por ser parte de este viaje y permitirme contribuir a vuestras vidas con mi don.

No conozco el mundo de otra manera, pero aún no es lo normal ni lo reconocido en el mundo. Estoy tan agradecida por mi clarividencia, que me permite, cada día, con cada ser humano, descubrir los tesoros ocultos del alma, del universo y revelar completamente el alma. Con cada mirada a los mundos invisibles, siento una profunda conexión con la creación y una gratitud inmensa por este don único. Te invito a viajar a tu alma a través de mi libro y descubrir los milagros que están más allá de lo visible. Que mi clarividencia te inspire y te toque mientras exploramos juntos la magia y la belleza de lo invisible. Y, sobre todo, que sepas que también lo llevas dentro de ti. Tienes tu tercer ojo, solo necesita ser activado.

Echemos un vistazo breve desde la perspectiva científica y espiritual.

Explicación científica:

Desde el punto de vista científico, la clarividencia se considera a menudo un fenómeno que está fuera del alcance del entendimiento convencional. No se ha explicado completamente ni es aceptado por la ciencia mainstream.

Sin embargo, algunas teorías sugieren que la clarividencia podría estar relacionada con la capacidad del cerebro para captar e interpretar información más allá de los cinco sentidos tradicionales. Una hipótesis sugiere que la clarividencia podría estar asociada con la habilidad del cerebro para procesar campos de energía sutil o frecuencias electromagnéticas que normalmente no son captadas por nuestros sentidos ordinarios. Se cree que algunas personas tienen una mayor sensibilidad o una capacidad innata para percibir y analizar estas energías, lo que les permite obtener percepciones e información a las que otras personas pueden no tener acceso de manera tan fácil. Aunque la investigación científica sobre la clarividencia está en curso, es importante señalar que la comunidad científica aún no ha alcanzado un consenso sobre su existencia o los mecanismos que la explican.

Sin embargo, muchas personas siguen reportando experiencias personales que atribuyen a sus capacidades clarividentes.

Explicación espiritual:

Desde el punto de vista espiritual, la clarividencia se considera a menudo una capacidad intuitiva o psíquica que va más allá de los sentidos físicos. Se cree que involucra el acceso a niveles superiores de conciencia, la conexión con energías espirituales y la obtención de información del colectivo consciente o del plano espiritual.

Según las creencias espirituales, la clarividencia puede verse como una extensión de nuestra naturaleza espiritual innata.

Se cree que las personas pueden desarrollar y perfeccionar sus habilidades clarividentes mediante prácticas espirituales como la meditación, el trabajo con energías o la conexión con niveles superiores de conciencia.

Las explicaciones espirituales suelen destacar la idea de que la clarividencia es un don que permite a las personas percibir e interpretar energías sutiles, símbolos o mensajes que no son evidentes para los sentidos ordinarios. Se ve como una herramienta para obtener percepciones más profundas, guía y sabiduría espiritual, apoyando el crecimiento personal, la curación y la comprensión del propio camino de vida.

Es importante tener en cuenta que las explicaciones científicas y espirituales de la clarividencia pueden ser diferentes, y las personas pueden identificarse más con una perspectiva que con la otra. En última instancia, la interpretación de la clarividencia puede variar según las creencias personales, las experiencias y los contextos culturales.

Lo que mi clarividencia significa para mí

¿Qué significa mi clarividencia para mí? Es mucho más que una habilidad; es un profundo regalo del Universo, envuelto en una gran responsabilidad que llevo con respeto y dedicación.

Creo de todo corazón que este don no es un regalo aleatorio, sino una parte cuidadosamente tejida de mi existencia que me llama a usarla para el bien común. En cada momento en que utilizo mi clarividencia, siento la suave, pero firme dirección de un propósito superior que me guía en el camino.

Mi clarividencia me permite mirar en dimensiones que a menudo permanecen ocultas, y me anima a compartir estas percepciones con amor y compasión, a hacerlas visibles para ti. Lo considero mi deber sagrado utilizar este don para el bienestar de todos, siempre con el objetivo de traer luz a la vida de los demás, alentarlos y brindarles el espacio para que reconozcan y abracen su propia verdad.

Las almas cuyos caminos se cruzan con el mío me enriquecen tanto como yo espero enriquecerlas a ellas. En la conexión que surge de este encuentro, radica el verdadero significado de mi labor.

Con cada lectura del aura, mi dedicación crece, y cada vez que utilizo mi don, me refuerzo en la promesa de usarlo siempre con amor y verdad. En esta tarea, encuentro no solo satisfacción, sino también la inquebrantable motivación para seguir aprendiendo, creciendo y sirviendo. Me despierto cada día con entusiasmo para ayudar, sanar y amar. Por esto, estoy infinitamente agradecida y me mantengo profundamente humilde.

El amor por cada alma es el reflejo de cada alma superior en el cosmos.

Por eso amo. Por eso doy. Por eso existo.

¡El amor es todo!

Mediumnidad- Amo las Almas

Bienvenidos al mundo de la mediumnidad:

A mis eventos de mediumnidad los llamo cariñosamente "The Bridge", porque en ese momento construyo un puente entre el mundo físico y el reino de las almas, el mundo astral. Como médium, tengo el privilegio de servir como ese puente y facilitar la comunicación entre las personas y sus seres queridos fallecidos. La mediumnidad se basa en la creencia de que la conciencia persiste más allá de la muerte física y que las almas de nuestros seres queridos siguen estando presentes y accesibles para nosotros. No las llamamos, ellas vienen por sí solas. A través de mis habilidades, soy capaz de percibir e interpretar las energías, mensajes y presencia de esas almas. Durante una sesión de mediumnidad, creo un espacio seguro y sagrado en el que puedes conectarte con tus seres queridos fallecidos. A través de mis habilidades intuitivas, establezco una conexión, lo que permite la transmisión de mensajes, confirmaciones y sanación. El propósito de la mediumnidad es ofrecer consuelo, cierre, perdón y sanación para aquellos que buscan contactar a sus seres queridos fallecidos o para los difuntos que desean comunicarse con ellos. Ofrece la oportunidad de recibir mensajes de amor, guía y apoyo desde el otro lado, brindando consuelo y certeza a los afligidos o buscadores. Y lo más importante, es sentirlo, percibirlo.
En ese momento, las personas se abren, su corazón se expande, ya que la energía es tan alta que comienzan a sentir por sí mismas la sanación, el perdón, la gratitud y el amor. ¡Ese es el momento más hermoso! La magia sucede y las almas queridas nos llevan a otro nivel. Como has visto, hacia el nivel de conciencia de las almas, justo debajo del alma superior y el corazón superior. ¡De nuevo, allí arriba es donde ocurre la sanación! Ninguna palabra puede explicar la bendición de lo que sucede en una sesión de este tipo.
Es importante resaltar que la mediumnidad no tiene el propósito de predecir el futuro ni de ofrecer resultados específicos.
Es el momento en que los dos mundos se conectan. Donde lo

invisible se hace visible a través del amor.

Es cuando las almas vivas reciben, suavemente, una visión de lo que está detrás de lo tangible y experimentan una profunda sanación.

Es una experiencia profundamente personal y transformadora que puede traer sanación profunda, cierre y un sentimiento de amor y paz.

Personalmente, he aprendido que una alma siempre intenta cerrar el vacío que se crea al partir de la Tierra, con luz, amor y buena energía.

Si esto no sucede, el vacío se llena con el dolor de los que se quedan, lo que genera aún más tristeza. Pero esto no es lo que las almas luminosas desean. Ellas saben que, al no sanar, se queda uno atrapado en las creaciones de sombra, sin ser consciente del poder de su alma, y olvidando que estamos siempre conectados.

Es simplemente amor puro, bendición, aceptación y un nivel de respeto que creo que un ser humano no puede comprender completamente.

Amor puro y bendición.

Deja Atrás las Creaciones de Sombra

Y aquí estamos en el siguiente capítulo sobre las creaciones de sombra y lo que significa permanecer aquí abajo, porque allí abajo hay que poner una cantidad increíble de energía. Aquí abajo estamos tan alejados de nosotros mismos que cuesta una cantidad infinita de energía sobrevivir.
Ser uno mismo, ser nuestra propia alma, nuestra propia luz, SER UNO MISMO, eso no requiere esfuerzo, esa es la fuerza que tenemos en nosotros.

Las creaciones de sombra y el retorno a la luz interna del alma:

En nuestro mundo complejo, a menudo nos encontramos con creaciones de sombra: creencias y miedos que nacen de la inseguridad, el abuso de poder, la competencia creada, la escasez, la ira y los desafíos de la vida en la Tierra. Estas sombras pueden influir enormemente en nuestro pensamiento y comportamiento, atrapándonos en el miedo y desviándonos de nuestra verdadera esencia, quitándonos toda la energía, ya que, en primer lugar, aquí abajo estamos desconectados del alma y, en segundo lugar, no hay una fuente de poder positivo en ningún lugar donde podamos recargarnos.
Estas ilusiones creadas, que parecen tan reales, aterradoras y verdaderas, ya que se pueden ver y tocar, están en total contradicción con la verdadera naturaleza de nuestra alma, que está hecha de pura luz, amor y alegría infinita. El alma no conoce el miedo, solo entiende el amor y el crecimiento. Ella es la fuente que nos llena de fuerza y autenticidad.
Es hora de soltar las ilusiones de las creaciones de sombra. Estas creencias basadas en el miedo nos mantienen alejados de la abundancia que nos corresponde y limitan nuestro verdadero potencial. Al liberarnos de estas sombras, creamos el espacio para ver la vida desde una perspectiva de amor y luz.
Para regresar a nuestra luz interna, es esencial ir al silencio y escuchar la voz de nuestra alma. Se requiere valentía para

liberarnos de viejos patrones y volver a enfocarnos en lo que es verdadero y auténtico. En la conexión con nuestra luz interna encontramos la claridad que nos guía en los momentos más oscuros y nos da fuerza para ver el mundo con esperanza y confianza.

Por favor, lee todos los días las activaciones de cada nivel de conciencia: esto te ayudará a enfocarte en lo que realmente deseas. Y recuerda, nuestra luz interna siempre brilla, incluso cuando a veces está oculta por las sombras. Es una fuente inagotable de renovación y sanación. Si nos enfocamos en esa luz y le permitimos guiar nuestra vida, comenzaremos a reconocer la belleza y la infinitud de nuestra propia alma.

Encontremos el coraje de dejar atrás estas creaciones de sombra y abrazar la verdad de nuestra alma. Porque solo al tomar la decisión consciente de elegir la luz y el amor, podemos transformar nuestra vida y el mundo que nos rodea de manera positiva.

En las creaciones de sombra, especialmente el ciclo de abuso se ha establecido: el "Love Bombing", la fase de tensión y la fase de explosión. Esto, lamentablemente, se ha anclado en las personas, ya sea consciente o inconscientemente, y ha generado una gran cantidad de escasez, miedo, competencia, ira y abuso de poder en este mundo. ¡Sabes que esto no tiene nada que ver con tu verdadero origen y tu verdadero ser! En la energía de la competencia, hay programaciones milenarias que nos separan del alma. Esa es la única verdad que hay. Este pensamiento de escasez y competencia crea terribles emociones, pensamientos, comportamientos y acciones en las personas. Es lógico y comprensible, ¿verdad?

El difundir esta baja energía, implantada por el abuso de poder, manipulación, competencia y escasez, hace que las personas crean en las creaciones de sombra. Porque cuando hay escasez de dinero, eso es "real", en ese momento realmente no tengo dinero. Cuando existe una enfermedad, es visible y palpable en el cuerpo enfermo, etc. Pero todas estas cosas están basadas en el pensamiento de escasez, en la creencia de que todo lo malo existe, y eso crea realmente el estado de escasez en tu energía, en tus pensamientos, en tu corazón, en cada célula y en cada campo energético, y de allí surgen una enfermedad, la pérdida de dinero, la escasez de dinero, la falta de trabajo o problemas, dramas de relaciones, peleas... esta sustancia de escasez quiere hacernos creer que no hay suficiente.

En las creaciones de sombra hay una increíble escasez.

En ese caso, surge la sensación de que tengo que ser más rápido, más alto y siempre mil veces mejor que todos los demás. Todos comienzan a perseguir algo y se pierden en lo mundano y en la existencia de sombras.

¡Aquí está la llave dorada que todos llevamos con nosotros!

ASUMIR LA RESPONSABILIDAD DE UNO MISMO.

Ahora, aquí y hoy.

Toma la decisión hoy de dejar estas creaciones de sombra atrás.

Me gustaría mostrarte aquí lo que el estrés les hace a tus chakras, es decir, por ende, a tu cuerpo.

Qué sucede con las chakras

El concepto de los chakras, en particular el de los chakras de los pies, está profundamente arraigado en el trabajo energético y espiritual.
Los chakras son centros de energía en el cuerpo, y en muchas tradiciones espirituales se entiende que influyen en el bienestar físico, emocional, mental y espiritual. Aquí quiero enfocarme especialmente en el chakra de los pies y el chakra del Yo Superior. Son extremadamente importantes y, al mismo tiempo, están en contacto con el campo toroide.

En el cuerpo humano, el campo toroide se asocia a menudo con el campo energético del corazón. Representa cómo nuestros corazones envían y reciben información energética y enfatiza nuestra conexión con nosotros mismos y con el entorno.
El campo toroide es la fuerza de auto-renovación y auto-sanación en nosotros. Este campo fluye a través de nosotros hacia arriba, pasando por el chakra del Yo Superior, donde se abre a la energía femenina: la capacidad de recibir ideas, visiones y manifestaciones. El ser humano irradia hacia afuera y se encuentra en completa conexión con el universo.
Luego, la energía del campo toroide desciende por los lados y entra nuevamente en nosotros a través del chakra de los pies como fuerza masculina, la energía de la acción y la materialización. Es la energía que convierte en realidad las ideas y visiones femeninas, manifestándolas en el mundo tangible. Posteriormente, fluye de nuevo a través del cuerpo y asciende otra vez.
Este ciclo del campo toroide no solo rodea al ser humano, sino también a todos los seres vivos: cada planta, cada fruto y verdura, cada piedra e incluso la propia Tierra. ¡Todos estamos conectados con él!
Comprender el campo toroide puede ayudarnos a tomar conciencia de nuestra propia energía y de su influencia en nuestro bienestar. Es un modelo que ilustra cómo absorbemos, transformamos y emitimos

energía, lo que afecta tanto nuestra salud personal como nuestra relación con el mundo.

En definitiva, el concepto del campo toroide nos invita a reflexionar sobre el equilibrio y el flujo de energías en nuestra vida, recordándonos la importancia de la armonía dentro del gran Todo.

Qué sucede cuando una persona no tiene los chakras de los pies ni el chakra del Yo Superior:

1. **Pérdida de conexión y arraigo**
   - El chakra de los pies es tradicionalmente responsable de conectarnos con la Tierra. Nos ayuda a estar arraigados, proporciona una sensación de estabilidad y apoya el equilibrio entre cuerpo y mente. Si este chakra está bloqueado o ausente, se puede perder la sensación de arraigo, lo que puede llevar a desorientación o inseguridad. El chakra del Yo Superior es el encargado de conectarnos con el Universo. Nos ayuda a sentirnos vinculados y seguros. Si esta conexión falta, la persona puede hundirse en sí misma y percibir las creaciones de sombras como algo real.

2. **Sobreactivación del chakra base:**
   - El chakra base, también llamado chakra raíz, está asociado con necesidades fundamentales como seguridad, supervivencia, dinero, fuerza, resistencia y confianza. Cuando los chakras de los pies y el Yo Superior no funcionan correctamente, la energía en el chakra base puede volverse inestable. Esto hace que la persona se sumerja en el plano de la sombra y le dé credibilidad. Como resultado, surge una fuerte energía de lucha, ya que entra en un estado de supervivencia. Nada se siente seguro, y esto intensifica aún más el

modo de supervivencia hasta que se manifiesta en la vida de la persona.

3. Atracción de creaciones de sombras:

- Sin el equilibrio y la estabilidad que proporciona un buen arraigo y conexión, existe una tendencia a centrarse en los miedos e inseguridades. Esto a menudo da lugar a creaciones de sombras: creencias y comportamientos negativos que se basan en la mentalidad de escasez y el miedo, manifestándose y multiplicándose en la vida.

4. Lucha y resistencia:

- La falta de flujo de arraigo y conexión universal conduce a un estado constante de lucha, donde la persona reacciona con energía contra amenazas percibidas en lugar de estar en un estado de fluidez y aceptación. Esta actitud puede generar estrés y tensión interna, así como conflictos con el entorno.

Autoboicot y Autodestrucción

El autoboicot y la autodestrucción son patrones profundamente arraigados que operan en las sombras de nuestra psique. Son maestros del disfraz, entrelazándose de manera inconsciente en nuestro comportamiento y pensamiento, manifestándose de múltiples formas. Como creaciones de sombras, se camuflan como mecanismos de protección, cuando en realidad socavan nuestras aspiraciones más elevadas y nuestro bienestar, llegando incluso a desencadenar adicciones o, a nivel físico, debilidades autoinmunes o enfermedades.

Estos patrones negativos suelen originarse a partir de antiguas creencias derivadas de experiencias pasadas o comportamientos aprendidos que nos han hecho creer que no somos lo suficientemente buenos. Es la consecuencia de haber experimentado el rechazo de una manera dolorosa y, a raíz de ello, haber desarrollado la creencia de que no merecemos cosas buenas. Actúan como hilos invisibles que influyen en nuestras decisiones, bloquean nuestros sueños y nos mantienen atrapados en un ciclo aparentemente interminable de fracaso.

A nivel mental, conducen a un diálogo interno negativo y dudas constantes; a nivel emocional, generan miedo e inseguridad. En el plano espiritual, atacan nuestras creencias y pueden incluso provocar manifestaciones físicas, como enfermedades autoinmunes, al inducir al sistema inmunológico a atacar el propio cuerpo.

La autodestrucción es un patrón profundamente destructivo que puede estar enraizado en nuestro subconsciente, a menudo desencadenado por sentimientos de indignidad, vergüenza o traumas no resueltos. Estas formas intensas de autoboicot pueden tener un impacto significativo en todas las áreas de la vida si no son identificadas y transformadas.

El **autoboicot** es un mecanismo sutil pero poderoso que puede afectar nuestra vida de múltiples maneras. Muchas veces inconsciente, nos pone trabas y nos impide desarrollar todo nuestro potencial y alcanzar nuestros objetivos. A continuación, se presentan algunas de sus consecuencias más importantes:

Consecuencias del Autoboicot:

1. Oportunidades Perdidas:

- ◦ La duda en uno mismo y el diálogo interno negativo a menudo nos impiden reconocer o aprovechar oportunidades. El miedo al fracaso o incluso al éxito nos paraliza, manteniéndonos atrapados en un ciclo interminable de creación de sombras, de empezar y detenerse, de esperar y soportar.

2. Autoestima Deteriorada:

- ◦ Los comportamientos repetitivos de autoboicot, como la procrastinación, debilitan nuestra confianza en nosotros mismos. Cada meta o proyecto abandonado refuerza la sensación de insuficiencia, generando un ciclo de vergüenza y decepción. La vergüenza, la culpa, la decepción y el miedo son las "peores" emociones, ¡las de menor frecuencia!

3. Desarrollo Personal y Profesional Limitado:

- ◦ El autoboicot impide el crecimiento y el progreso. Al toparnos constantemente con obstáculos que nosotros mismos hemos creado de manera inconsciente, nuestra evolución tanto personal como profesional queda estancada.

4. Impacto en la Salud:

- ◦ El estrés y la frustración provocados por la autodestrucción pueden afectar el bienestar mental y físico. Los factores de estrés crónico debilitan el

45

sistema inmunológico y aumentan el riesgo de problemas de salud.

5. **Problemas en las Relaciones:**
   ◦ La falta de confianza en uno mismo también afecta nuestras relaciones con los demás. El autoboicot a menudo se manifiesta en forma de pruebas constantes, dramas innecesarios y comportamientos que generan tensión, dificultando la construcción de vínculos más profundos.

6. **Desconexión de la Voz Interior:**
   ◦ Cuando nos autosaboteamos, ignoramos nuestra intuición, la voz de nuestro corazón, nuestra alma, nuestra mente superior. Esto genera una desconexión entre lo que realmente sentimos o deseamos y lo que terminamos haciendo, reforzando así la sensación de desorientación, rechazo y fracaso.

La **autodestrucción** es un patrón destructivo que puede estar profundamente arraigado en nuestro subconsciente, a menudo desencadenado por sentimientos de indignidad, vergüenza o traumas no resueltos. Estos patrones son formas intensas de autoboicot y, si no se reconocen y transforman, pueden tener un impacto significativo en todas las áreas de la vida.

Consecuencias de la Autodestrucción:

1. **Daño emocional y mental:**
   ◦ Los pensamientos autodestructivos llenan la mente de negatividad y autodesprecio. Esto puede derivar en graves problemas de salud mental, como depresión,

ansiedad o una autoestima extremadamente baja. Se convierte en un círculo vicioso donde los pensamientos negativos conducen a acciones negativas, reforzando aún más la imagen negativa de uno mismo.

2. Dificultades en las relaciones:

- El comportamiento autodestructivo puede dificultar las interacciones con los demás. Puede llevarnos a sabotear nuestras relaciones, generar desconfianza o caer repetidamente en patrones poco saludables.

3. Deterioro de la salud física:

- Hábitos perjudiciales como una alimentación inadecuada, el abuso de sustancias o la falta de autocuidado suelen acompañar estos patrones. El cuerpo puede reaccionar con enfermedades crónicas o crisis de salud derivadas de la falta de cuidado personal.

4. Bloqueos profesionales y creativos:

- Estos patrones destructivos limitan el potencial creativo y pueden obstaculizar el crecimiento profesional. El miedo al fracaso o la creencia de no merecer el éxito pueden hacer que se desaprovechen oportunidades valiosas.

5. Desconexión espiritual y personal:

- Puede producirse una separación del verdadero yo y de los valores o propósitos más elevados. Esto a menudo genera una sensación de vacío y desorientación, ya que se bloquea la conexión con la guía interior y la alegría de vivir.

Caminos para superar el Autosabotaje y la Autodestrucción

Para entrar verdaderamente en la plenitud y la luz de nuestro ser auténtico, es esencial abandonar conscientemente el nivel de sombra que nos mantiene atrapados. Estas sombras no representan nuestra verdadera esencia, sino manifestaciones de miedos y creencias limitantes que nos atan a la escasez y la negatividad. Son cadenas invisibles que nos retienen y nos hacen repetir patrones que ya no nos sirven.

El primer paso hacia la liberación es reconocer estas sombras como ilusiones que no tienen que definirnos. Son los miedos que susurran que no somos lo suficientemente buenos, las dudas que nos empequeñecen y las preocupaciones que nublan nuestra visión. Sin embargo, todo esto no es más que una niebla creada por experiencias pasadas, que no deberían tener poder sobre nuestro presente.

Tomar la decisión consciente de soltar estas creaciones de sombras es enviar un poderoso mensaje al universo y a nuestro propio corazón: estamos listos para abrazar nuestra verdadera esencia. Al desprendernos de estas sombras, abrimos el espacio para que nuestra luz interior brille con claridad y fuerza. Es en este estado, más allá de las sombras, donde comienza la expansión de nuestras posibilidades, donde encontramos nuestra verdadera fortaleza y la verdad más profunda de nuestro ser.

Nuestra esencia no está atrapada en la oscuridad, sino que se nos extiende desde la luz, desde los niveles de conciencia más elevados, llenos de esperanza, alegría y paz. Es una invitación a extender la mano y experimentar nuestra alma en su forma más pura y hermosa. Aceptemos esta invitación, dejemos atrás las sombras y avancemos conscientemente hacia nuestra grandeza. Porque es allí, en la luz, donde encontramos la vida en toda su plenitud.

Superar el autosabotaje

1. **Aumentar la autoconciencia**: El primer paso es ser consciente de cuándo y cómo ocurre el autosabotaje. Llevar un diario y la reflexión pueden ser de gran ayuda en este proceso.
2. **Reconocer los desencadenantes**: Identificar qué provoca los comportamientos autosaboteadores. ¿Es el miedo, las expectativas perfeccionistas o la preocupación de no ser lo suficientemente bueno?
3. **Establecer rutinas positivas**: Sustituir los comportamientos autosaboteadores por hábitos saludables y que apoyen tu crecimiento.
4. **Desarrollar autocompasión**: Trátate a ti mismo con compasión y paciencia. Reconoce que estos patrones se aprendieron y pueden cambiarse con conciencia y apoyo.
5. **Visualizar tus metas**: Concédele atención a lo que deseas lograr y visualiza regularmente tus objetivos. Esto ayuda a mantener el enfoque en los resultados positivos.
6. **Buscar apoyo**: A veces, la ayuda profesional puede ser crucial para descubrir patrones más profundos y tratarlos de manera efectiva.

Superar la autodestrucción

1. **Crear conciencia**: El primer paso hacia la transformación es ser consciente de estos patrones y reconocer sus desencadenantes.
2. **Trabajo interno**: Abordar las causas de estos patrones, a menudo con el apoyo terapéutico, es esencial. La integración de los aspectos oscuros y la sanación de heridas pasadas permiten una nueva comprensión y aceptación propia.
3. **Autocuidado saludable**: Desarrollar rutinas que fomenten el bienestar. El ejercicio regular, una dieta equilibrada y dormir lo suficiente son fundamentales para tu salud física y mental.

4. **Relaciones positivas**: Rodéate de personas que te apoyen y te fortalezcan. Construir una red de apoyo puede ser fundamental para romper los viejos patrones.
5. **Prácticas mente-cuerpo**: La meditación, el yoga o el entrenamiento de la atención plena pueden ayudarte a mantenerte en armonía con tu cuerpo y mente, promoviendo una sensación de paz y equilibrio.
6. **Práctica espiritual**: Conectarse con una fuerza superior o con tu ser espiritual puede proporcionar consuelo y dirección para apoyar el camino de la autosanación.

Y muy importante, resuelve las causas.
El autosabotaje, la autodestrucción, las adicciones, etc., no son las causas, no son el problema. Estos comportamientos son intentos de solución. Aquí te ofrezco nuevamente la pequeña oración de solución, ligeramente modificada. Desde el nivel individual, donde todo lo no resuelto y kármico puede ser disuelto. ¡Recuerda que todo tiene solución, rápidamente, de manera sencilla y para siempre! No sigas removiendo el barro. Ve que estos programas no son el problema, sino que todo está mucho más profundo. El verdadero problema radica mucho más adentro, en la creencia de que no eres lo suficientemente bueno, que has experimentado una reacción tan intensa de rechazo que apenas puedes soportarlo, que casi no puedes soportarte a ti mismo/a. ¿Lo entiendes? Es una creencia tan profunda en ti, que eres malo/a, que quieres resolverlo con este comportamiento.
Ahora lee en calma la oración. Déjala actuar dentro de ti y siente cómo disuelves la energía oscura en ti.

Dite ahora:
"A partir de hoy, ¡nunca más estaré dispuesto a buscar soluciones en las creaciones de sombras terrenales! También dejo de autosabotearme o incluso destruirme a mí mismo/a desde la desesperación.

¡Es suficiente, ya no estoy dispuesto/a a hacerlo!
Me niego a creer que soy malo/a. Ahora pido que el maravilloso oro de este hermoso nivel cure toda la situación original, en todas las direcciones del tiempo y para siempre.
Con esto, se disuelve cualquier tipo de autosabotaje y autodestrucción dentro de mí, sin importar de qué tiempo provenga, sin importar por qué o cómo, ya sea causado por mí o por otra persona, ahora pido a este maravilloso nivel la liberación de todos estos comportamientos negativos, programas en mí y, por supuesto, de la situación original mencionada. Todo será atravesado por el oro y ahora recibo con gratitud la herramienta adecuada para ello, porque ya está disponible para mí. Al mismo tiempo, me perdono a mí mismo/a, perdono a los demás y sé que se me ha perdonado.
Ahora pido la activación de mi estrella del alma, para que me guíe y dirija nuevamente, de mi campo toroidal y de toda mi aura. Por favor, deja que mi crónica akáshica brille ahora, la cual solo tiene lo mejor para mí. El maravilloso y sanador oro me rodea y sé que lo lograré.
¡Vuelvo a recordar todo lo que he puesto a mi disposición y me siento feliz por ello!
¡Así de fácil es!
¡Muchas gracias!"

Alegría o Miedo

¿Conciencia o Creaciones de Sombra?
Creo que ya has entendido de qué se trata y cómo se distribuye la verdad. Me gustaría profundizar un poco más en la temática del Chakra de los Pies y el Chakra del Ser Superior, porque son fundamentales. Si estás conectado con tus niveles de conciencia, te garantizo que vivirás en la alegría. Vivirás tu vida con entusiasmo y disfrutarás de cada momento.
Si vives en el nivel de sombra, te garantizo que vives en el miedo. Día tras día harás todo lo posible para evitar el miedo y usarás toda tu energía solo para sobrevivir.
Imagina todo en términos de frecuencias. Todo tiene una frecuencia diferente, como líneas que se superponen. Una línea es una frecuencia de conciencia, una vibración, una fuerza de pensamiento.
Por lo tanto, está claro que también puedo abandonar una frecuencia si ya no me corresponde, por ejemplo, porque he trabajado en mí mismo/a y he cambiado pensamientos profundamente arraigados. Con este cambio, tu frecuencia se transforma y dejas atrás la versión antigua de ti mismo/a para entrar en tu nueva frecuencia energética.
Así que, cuando crezco más allá de una determinada frecuencia de conciencia, supero esa vibración, esa energía, ese nivel de pensamiento y las emociones asociadas. Debo soltarla y automáticamente paso al siguiente nivel de conciencia.
Eso es lo que estás haciendo ahora: estás saliendo cada vez más de las creaciones de sombra y elevándote a la vibración de tu ser superior.

En este punto, quiero mencionar los tres miedos más grandes y profundamente arraigados. Comprenderlos te ayudará a soltarlos y a darte cuenta de que provienen claramente de las creaciones de sombra. Destacaré nuevamente el Chakra de los Pies y el Chakra del Ser Superior.

Los 3 miedos más grandes:

1) Miedo a la muerte – Miedo a la pérdida
2) Miedo a la vida – Miedo a la existencia
3) Miedo a las personas – Miedo a sus acciones y reacciones

En el Chakra de los Pies, estos tres miedos están profundamente arraigados, ya que contienen experiencias terrenales de esta y otras vidas, incluidas memorias kármicas.
También podemos trasladarlo al Chakra del Ser Superior, pero aquí la cuestión es más sobre el alma y los niveles de conciencia.
Aquí no es solo un miedo, sino un pánico absoluto que paraliza todo el organismo cuando se activa.
Entonces, esta energía literalmente explota y nos derriba.
¿Conoces la sensación de pánico? ¿El miedo a perder el control?

1) El pánico de perder el alma – Pérdida del alma
2) El pánico de ser destruido – Miedo a la destrucción del alma
3) El pánico hacia las personas – Pánico al rechazo – Al rechazo de la verdadera esencia del alma

Cada uno de nosotros tiene uno de estos miedos, estos pánicos del alma. Se siente tan amenazante como si estuviéramos hundiéndonos sin salida ni escapatoria, pero solo cuando estamos atrapados en las creaciones de sombra.
Porque ahora ya sabes que esto no es posible. No puedes perder tu alma, ni puede ser destruida.

Para ayudarte a superar esto, he diseñado un seminario profundamente transformador: "Awaken Your Soul" (Puedes encontrar toda la información en mi página web: www.nadinesimmerock.com).

Aquí tienes algunas formas de gestionar mejor estos miedos en tu vida diaria:

1. Ejercicio diario de gratitud:

- **Ejercicio:** Cada mañana, escribe tres cosas por las que estás agradecido/a. Pueden ser cosas grandes o pequeñas que te traigan alegría. Concéntrate conscientemente en los aspectos positivos de tu vida para comenzar el día con una actitud optimista.

2. Llevar un diario de alegría:

- **Ejercicio:** Al final del día, anota en un diario especial al menos una situación en la que hayas sentido alegría. Esto te ayudará a enfocarte en los momentos felices y a percibirlos con más conciencia.

3. Ejercicio de respiración y atención plena:

- **Ejercicio:** Dedica cinco minutos al día a concentrarte en tu respiración. Inhala profundamente y exhala lentamente. Con cada exhalación, suelta todas tus preocupaciones y permítete sentir calma y alegría interior. Con cada inhalación, ábrete, expándete y recibe nuevamente. Siente cómo estos momentos de atención plena te llenan de alegría.

4. Movimiento activo:

- **Ejercicio:** Encuentra una actividad física que disfrutes, ya sea bailar, hacer yoga, andar en bicicleta o caminar. Dedica al menos 20 minutos al día a ello. El movimiento libera endorfinas, que elevan tu estado de ánimo y fomentan la alegría.

5. Visualización de la alegría:

- **Ejercicio:** Siéntate en un lugar tranquilo y cierra los ojos. Visualiza un momento en el que te hayas sentido absolutamente feliz y en armonía contigo mismo/a. Sumérgete en esa sensación, revívela y deja que esa energía positiva fluya en tu día a día.

6. Acto de dar:

- **Ejercicio:** Busca oportunidades para ayudar a los demás, ya sea con una sonrisa, un cumplido o un pequeño gesto de apoyo. Dar amabilidad genera felicidad tanto en ti como en los demás y fomenta la sensación de alegría y plenitud.

7. Expresión creativa:

- **Ejercicio:** Dedica tiempo a una actividad creativa que te inspire. Ya sea pintar, escribir, hacer música o manualidades, la creatividad es una fuente poderosa de alegría. Déjate guiar intuitivamente por lo que haga cantar a tu corazón.

8. Chequeo de alegría:

- **Ejercicio:** Reserva un momento del día para detenerte y verificar si estás sintiendo alegría. Si no es así, pregúntate qué podrías hacer en ese momento para generarla, ya sea agradeciéndote a ti mismo/a, escuchando una canción o simplemente respirando profundamente.

Al integrar estos ejercicios en tu vida diaria, puedes aumentar significativamente tu capacidad de sentir y experimentar alegría. Y lo más importante: dejarás de enfocarte tanto en el miedo.

La Decisión

Tomar una verdadera decisión significa elegir conscientemente desde lo más profundo de tu ser, alineado con tus valores, creencias y propósito auténtico. Es una elección que no está guiada por expectativas externas ni por emociones pasajeras, sino por lo que realmente resuena en tu corazón. Una verdadera decisión cambia toda tu vida. ¿Estás listo para tomarla?

¿Qué trae consigo una verdadera decisión?

1. Claridad y alineación:

- ○ Al tomar una decisión que realmente está en sintonía con tu ser interior, obtienes claridad sobre tu camino. Esta alineación te da una comprensión precisa de hacia dónde quieres ir y qué pasos debes dar para llegar allí.

2. Fuerza interior y confianza en ti mismo/a:

- ○ Una decisión auténtica fortalece tu confianza en ti mismo/a. Confías en tus habilidades y en tu juicio, lo que refuerza tu determinación para futuras decisiones.

3. Libertad de dudas:

- ○ Cuando decides desde tu esencia, reduces las dudas y la incertidumbre. Te mantienes firme en tu elección porque sabes que refleja tu verdad.

4. Más energía y enfoque:

- Una decisión clara libera la energía que antes estaba atrapada en conflictos internos. Con un nuevo enfoque, puedes perseguir tus metas con mayor compromiso y determinación.

5. Crecimiento y realización personal:

- Al tomar decisiones que están alineadas con tu verdadero ser, permites tu crecimiento personal y una sensación de plenitud. Vives una vida que refleja tu verdadera naturaleza y te llena de alegría.

6. Impacto positivo en las relaciones:

- Tu claridad y confianza atraerán relaciones auténticas y de apoyo. Las personas que respetan y valoran tu verdadera esencia se sentirán inspiradas por tu determinación.

7. Una vida con integridad:

- Una verdadera decisión representa una vida en armonía con tus valores más elevados. Actúas en coherencia con tus creencias, lo que te lleva a una vida llena de integridad y respeto.

Al tomar decisiones auténticas, abres puertas a una vida no solo exitosa, sino también plena y verdadera. Diseñas tu vida como una expresión de tu verdadero ser, y eso te brinda una profunda satisfacción y paz.
Si pasas la página ahora, habrás tomado TU DECISIÓN.

El Cambio

¡Y ahora llega el cambio! Ya es suficiente. No sigas pensando en lo malo que ha sucedido, en quién te ha lastimado o en la creencia de que algo en ti no está bien. Deja de desperdiciar tu tiempo en estas creaciones de sombras. ¡Nunca más! Bendice todo y empieza a vivir tu vida como la alma maravillosa y hermosa que eres en este planeta. Deja de destruirte una y otra vez. Eres genial, eres deslumbrante.

Cámbialo hoy. Si no lo haces, seguirás aferrándote a lo negativo, creándolo una y otra vez y sumergiéndote en más sombras. Como ya mencioné, quien escarba en el barro, solo encuentra más barro. **No**. Si estás listo para dejar ir esos pensamientos negativos sobre ti mismo, entonces eres libre. Y déjame decirte algo: disfruta tu vida. No importa tu estatura, la talla de ropa que usas, dónde vives o qué haces—nunca más te limites. En el momento en que entras en tu verdadera esencia energética, tu vida entera cambia.

¡Eleva tu energía! Dirígete a esa esencia mágica y poderosa que te pertenece.

Imagina por un instante que tienes en tus manos la llave dorada de una vida mágica y plena, donde la alegría, el entusiasmo y la ligereza son tus compañeros constantes. Para acceder a esa vida, te invito a soltar las sombras del pasado.

Es suficiente perderse en los pensamientos de lo que fue, de quién te hirió o de la falsa idea de que hay algo malo en ti. Esas historias son parte del pasado y ya no tienen poder sobre tu presente. No malgastes ni un solo momento más haciéndote pequeño/a o revolcándote en viejas heridas.

Bendice todo con amor dorado—las experiencias, las personas que has encontrado en tu camino y las lecciones que has aprendido. Acéptalas como valiosas partes de tu viaje y déjalas ir en paz. Al hacerlo, creas espacio para un futuro lleno de maravillas y posibilidades.

Permítete ser la alma brillante y fascinante que realmente eres. Enfócate en tu genialidad única y reconoce el poder asombroso que hay dentro de ti. Eres maravilloso/a, talentoso/a y cada parte de tu ser merece ser celebrada.

Hoy es el día para tomar la decisión: deja atrás las viejas sombras y entra con confianza en tu verdadera fuerza. Cuando sueltas el pasado, tu espíritu se eleva y asciendes a la energía radiante que te lleva a la cima de tu potencial. En este poder mágico reside la capacidad de transformar tu vida en una obra maestra luminosa. Comienza ahora este viaje exquisito de liberación y renovación. Deja que tu luz interior brille con todo su esplendor y crea la vida extraordinaria que está esperando por ti.

Aquí tienes un texto inspirador que celebra tu determinación:

Fecha:

"Hoy tomo una decisión poderosa—una decisión que libera mi corazón y eleva mi espíritu. Decido nunca más creer en las creaciones de sombras que alguna vez intentaron oscurecer mi luz. Ha llegado el momento de despedirme de los viejos patrones de oscuridad y dejar atrás para siempre estas ilusiones.

Nunca más descenderé a los niveles del miedo, el abuso, el dolor o el pánico. Elijo soltar la ira y todo aquello que intentó mantenerme pequeño/a. Estas emociones ya no forman parte de mi historia.

Hoy reafirmo mi decisión de vivir en la luz—una vida llena de amor, confianza y alegría. Me abro a las infinitas posibilidades que me esperan, con la certeza de que mi luz interior me guía y me protege. Me comprometo a dirigir mi energía hacia la sanación, el crecimiento y la creación positiva. Cada experiencia se convierte en una oportunidad para diseñar mi vida de manera consciente y con propósito. Con cada respiración, siento la libertad que trae consigo esta decisión y percibo cómo mi verdadero ser florece.

*Con este acto, declaro **cerrado** este capítulo de sombras. Avanzo con la cabeza en alto, impulsado/a por la suave brisa de un nuevo*

comienzo. *Estoy listo/a para vivir plenamente la fuerza y la magia de mi ser, recorriendo mi camino único con confianza y ligereza.*
¡Desde hoy, elijo los maravillosos niveles de conciencia que están a mi disposición!"

¡LO LOGRASTE!
Que este texto refuerce tu determinación y te ayude a vivir una vida en la luz.
¡CELÉBRATE!

Conexión con la Tierra y el Universo

Para fomentar la conexión con la Tierra y el Universo, así como equilibrar el chakra raíz y fortalecer el vínculo con el Ser Superior, puedes practicar ejercicios específicos. Aquí tienes algunas sugerencias:

Ejercicios de conexión con la Tierra:

1. **Caminar descalzo:**

   ○ **Práctica:** Dedica unos minutos al día a caminar descalzo sobre superficies naturales como hierba, arena o tierra. Esto ayuda a sentirte más arraigado y conectado con la Madre Tierra. También puedes realizar una meditación de atención plena o una visualización en la que un gran rayo dorado de luz fluye desde tus pies hacia la Tierra, anclándote profundamente y regresando a ti con una energía multiplicada, como un regalo de la Madre Tierra.

2. **Visualización del árbol:**

   ○ **Práctica:** Imagina que eres un árbol. Desde las plantas de tus pies crecen raíces doradas que se hunden profundamente en la Tierra, dándote estabilidad y absorbiendo energía nutritiva. Hacia arriba, eres un árbol majestuoso con una copa enorme y vibrante. Este ejercicio fortalece la sensación de conexión con la Tierra y la naturaleza.

3. **Jardinería:**

   ○ **Práctica:** Pasa tiempo en el jardín, plantando flores o vegetales y sintiendo la tierra con tus manos. Esta actividad física fomenta de manera natural el enraizamiento y la conexión con la naturaleza.

Conexión con el Universo:

1. Observación de estrellas:

° **Práctica:** Dedica tiempo a contemplar el cielo nocturno y siente la inmensidad del universo. Esta práctica expande tu conciencia y fortalece tu conexión con el cosmos. Mientras observas, imagina un enorme rayo dorado de luz que emana desde tu cabeza, se ancla en el universo, en Dios, y regresa a ti con una fuerza multiplicada por cien, llenándote por completo de su energía divina.

2. Respiración cósmica:

° **Práctica:** Inhala profundamente e imagina que cada inhalación es una luz dorada que fluye desde el universo hacia ti, llenándote de su energía. Al exhalar, devuelve esta positividad dorada al mundo, expandiendo amor y armonía. Este ejercicio fortalece tu vínculo con el universo y el flujo de energía cósmica.

3. Afirmaciones:

° **Práctica:** Usa afirmaciones como "Estoy conectado con el universo" o "Recibo sabiduría universal". Repítelas con frecuencia para profundizar tu conexión espiritual y abrirte a la guía del universo.

Meditación Dorada para Conectar con la Tierra y el Universo:

Meditación del Rayo de Luz Dorado

1. ### Encuentra un lugar cómodo para sentarte:

   o Siéntate en una posición relajada, asegurándote de que tus pies toquen el suelo. Cierra los ojos y respira profundamente varias veces para calmar tu mente.

2. ### Conexión con la Madre Tierra:

   o Imagina que desde las plantas de tus pies fluye un rayo dorado de luz que desciende hacia la Tierra, llegando profundamente hasta el núcleo cristalino. Allí, se arraiga firmemente y luego regresa a ti, multiplicado y fortalecido. Esta energía nutre tu ser con la fuerza de la Madre Tierra. Siente cómo esta estabilidad y poder se expanden a todo tu campo energético y tu cuerpo. Permítete experimentar cómo la luz dorada purifica todo lo que no es amor, luz y alegría dentro y alrededor de ti.

3. ### Conexión con el Universo:

   o Ahora, visualiza otro rayo dorado que emerge de la corona de tu cabeza, elevándose hacia el cielo, adentrándose en el vasto universo y anclándose en Dios. Este rayo regresa a ti amplificado, llenándote de una energía luminosa y expansiva. Deja que esta luz sublime eleve tu conciencia y refuerce tu conexión con la inmensidad del universo. Siente cómo se distribuye

63

con facilidad por todo tu campo energético y cuerpo, transformando cualquier densidad en amor, luz y alegría.

4. Siente la conexión:

○ Disfruta de ambas conexiones al mismo tiempo. Siente la energía de la Madre Tierra fluyendo en ti mientras la energía universal te inunda. Tú eres un canal entre el cielo y la tierra, equilibrado y en armonía. Recíbelo con gratitud, porque es tu derecho divino.

5. Permanece en este estado:

○ Quédate unos minutos en esta conexión profunda, disfrutando la paz y armonía que surgen de este equilibrio. Percibe cómo la luz dorada equilibra, transforma, sana y renueva todo en ti y a tu alrededor. Puedes dirigir conscientemente esta energía hacia una emoción que desees liberar, un miedo que quieras transmutar o una parte de tu cuerpo que necesite sanación. No hay límites para lo que esta luz puede hacer por ti.

6. Regresa lentamente:

○ Cuando estés listo/a, mueve suavemente tu cuerpo, abre los ojos y toma conciencia de tu entorno. Siente cómo las conexiones doradas siguen activas dentro de ti.

Con la práctica regular de esta meditación, fortalecerás tu conexión con la Tierra y el Universo, encontrando equilibrio y plenitud. Puedes encontrar más guías en mi canal de YouTube. Si necesitas más apoyo o instrucciones, estaré encantada de ayudarte.

Yo Traigo Suerte

En el plano creador, solo existe la abundancia y la riqueza de todo. No hay escasez, miedo, prisa, urgencia o la mentalidad de competencia.

Cuando te conectas con este nivel profundo, te das cuenta rápidamente de que nadie puede quitarte nada ni necesitas actuar con desesperación, porque hay suficiente para todos y el universo siempre PROVEE para ti.

Si crees que alguien te ha quitado el trabajo de tus sueños, confía en que pronto se abrirá para ti una oportunidad aún mejor. Algo más grande y más maravilloso se manifestará en tu camino.

Como ya dije, en el plano creador no existe la escasez de nada, así que mantente en tu poder, sigue creando y no te dejes distraer.

¡Eres un ser creador/a, así que crea sin límites!

El plano creador es una sustancia energética infinita, esperando a que la utilices. Eres un ser maravilloso y abundante, capaz de manifestar lo más grandioso y próspero que pueda existir.

Desde mi perspectiva, en el momento en que alguien cae en la prisa, la ansiedad, el miedo o la competencia, automáticamente se desconecta de esta energía creativa y poderosa, entrando en las creaciones de sombra.

Pero cuando trasciendes la mentalidad de escasez y competencia, la gratitud florece en ti. Y la gratitud, para mí, es la energía más hermosa del universo.

En todas mis enseñanzas y libros resalto la importancia de la gratitud, porque quiero que me rodee siempre. Es una energía dorada, radiante, transformadora.

(He escrito especialmente el libro "Mi Libro de la Gratitud", con el cual puedes enfocar tu atención en la gratitud, el amor, la alegría y la energía dorada cada día.)

Esto, a su vez, te conecta con tus niveles superiores y con la confianza absoluta: confianza en la protección divina, en la justicia divina, en el amor divino, en la sabiduría divina y en la abundancia divina.

Desde mi infancia, decidí vivir con fe y abrazar la mentalidad de abundancia y expansión, SIN PARAR, porque el universo me lo ha demostrado una y otra vez.

El universo refleja estas leyes en todos los niveles, y exactamente eso es lo que quiero ver manifestado en cada área de mi vida. Lo sé por experiencia propia: no solo lo veo, sino que el universo me ha probado estos principios y niveles de conciencia.

Obteniendo lo que necesitas de la nada. SÉ que puedo confiar en el universo. ¡Completamente! Hacer visible lo invisible es lo más mágico que existe.

Dentro de mí, tengo una creencia inquebrantable en que siempre me encuentro en la esencia de la expansión y la bondad, y que esta energía me inspira, me llena y me atraviesa en cada molécula de mi ser y en cada célula de mi cuerpo.

Todo lo que hago, lo hago con la firme convicción de que soy una persona en constante evolución y que, a través de mi crecimiento, llevo felicidad a los demás y contribuyo a un progreso maravilloso.

Dite a ti mismo/a:

"¡Yo traigo felicidad y llevo a otros conmigo!"

Haz de esta mentalidad tu forma de vida. Dilo en su versión más corta: **"¡Yo traigo felicidad!"**

¡El universo lo celebrará y te traerá aún más felicidad!

Yo también me repito siempre: **"¡A mi lado, TODOS crecen!"**

¿No es hermoso? Adóptalo y hazlo tuyo, deja que fluya a tu subconsciente y permite que tu equipo lo celebre siempre.

¡Lo sé y lo siento! ¡Lo veo! Soy rico/a, y en esta conciencia de abundancia, en esta esencia y frecuencia de riqueza, hago ricos a todos! Porque es para TODOS, ya que todos somos almas, todos somos energía, y por eso no hay fronteras entre tú y yo.

Soy rico/a, y todas las personas a mi alrededor también lo son. Desde mi plenitud, comparto con los demás el conocimiento de que pueden beneficiarse de mí y crecer conmigo. Solo existe abundancia en mí y en los demás.

Cuando integres esta verdad en tu interior, saldrás de la sombra y regresarás a lo que realmente eres: un ser único y creador.

Debes entender que la escasez en este mundo ha sido implantada a propósito, junto con la energía de la sombra, porque así es como se manipula a las personas.

Pero si reconoces nuevamente tu alma, tu esencia, tu poder, tu abundancia y todas las dimensiones superiores de la conciencia, entonces serás libre. Serás un ser mágico, libre y feliz. ¡Lo sé!

Me duele en el corazón ver a las personas atrapadas en la energía de la sombra, creyendo que esa densidad, con todo lo que conlleva, es su verdadero ser.

Cada día doy todo de mí para que las personas recuperen su poder y traigan su verdadero potencial a este mundo.

Siempre asegúrate de aportar a los demás un valor mayor que el valor financiero que recibes de ellos.

Y recuerda: ¡todo lo que das regresa a ti multiplicado por diez o incluso por millones!

En la frecuencia de la creación solo existe el CRECIMIENTO. La expansión es creación. Es el conocimiento de que solo hay abundancia, poder, amor infinito, salud, riqueza, belleza, alegría, éxito, ideas y alma.

La paz llegará cuando las personas recuperen su poder único de creación y lo utilicen, porque entonces sabrán que son alma.

Lamentablemente, mientras exista esta creación de sombra—con todo su abuso de poder, competencia, carga y rabia—seguirán existiendo el conflicto, las luchas y las guerras, tanto internas como externas.

Mientras tanto, seguirán existiendo parejas que alguna vez se amaron y que ahora pelean por cosas, hijos, dinero o reconocimiento, incluso llegando a luchar, solo para demostrar quién está por encima del otro y quién "gana".

En lugar de eso, podrían darse cuenta de que todo es crecimiento. Hemos crecido de manera diferente, hemos evolucionado en caminos distintos, pero aún podemos tratarnos con respeto.

Podemos enseñar a nuestros hijos que no se trata de destruir al otro ni de vencerlo, sino de utilizar nuestro poder creador para encontrar y alcanzar un nuevo nivel de conciencia.

Soltar las sombras de nuestra vida y reconectarnos con nuestra luz interior

Aquí tienes algunas sugerencias:

1. Atención plena y meditación:

- **Práctica diaria:** Comienza el día con un ejercicio breve de meditación o atención plena. Siéntate en un lugar tranquilo, cierra los ojos y concéntrate en tu respiración. Suelta todos los pensamientos y miedos, y dirige tu atención únicamente al momento presente y al oro que te rodea.
- **Visualización de luz:** Imagina cómo, con cada inhalación, una cálida luz dorada fluye dentro de tu cuerpo. Deja que esta luz disuelva todas las sombras en ti hasta que te sientas lleno y fortalecido.

2. Practicar la gratitud:

- **Diario de gratitud:** Escribe cada día cosas por las que estás agradecido/a. Esto cambia el enfoque de la escasez y el miedo a la abundancia y la positividad. (Puedes utilizar mi libro *"Mi libro de la gratitud"*).

3. Afirmaciones:

- **Refuerzos positivos:** Usa afirmaciones. Puedes encontrarlas al final de este libro o en mis obras *"Soy el amor de mi vida"* y *"Mentalidad de un ganador"*. Repítelas diariamente para alinear tu subconsciente con pensamientos y energías positivas.

4. Conexión con la tierra:

- **Vinculación con la naturaleza:** Pasa tiempo en la naturaleza para regenerar automáticamente tu campo energético y ganar estabilidad y claridad.

5. Soltar a través de la escritura:

- **Escritura libre:** Utiliza la escritura para plasmar en papel todos tus miedos y sombras. Sin pensarlo demasiado, anota todo lo que te pesa. Luego, puedes quemar el papel de manera simbólica *(de forma segura)* para reforzar el proceso de liberación y hacer espacio para lo positivo en tu vida.

6. Meditación del niño interior:

- **Abrazo interno:** Visualízate a ti mismo/a como un niño y abrázate con amor y aceptación. Reconoce que es seguro sentir miedo y que ahora eres capaz de cuidar de ese niño interior. Llévalo contigo al presente y hazle saber: "Nunca más tendrás que regresar, a partir de hoy estás seguro/a conmigo, yo te protejo". Déjalo/la descansar en tu corazón.

7. Respiración consciente:

- **Respiración profunda:** Cuando surjan miedo o pensamientos negativos, concéntrate en respiraciones profundas pero rápidas. Inhala dos veces rápidamente, llenando el abdomen y el pecho, y luego exhala. Repite el proceso: dos inhalaciones cortas, luego una exhalación larga. Deja ir todo lo que has retenido en tu cuerpo. Esto libera y calma tu sistema nervioso de inmediato, despejando tu mente.

Estas prácticas te ayudarán a liberar tus sombras internas y a reconectarte con tu alma con facilidad y alegría.

Cambiar la mentalidad

Prepárate para dar un paso adelante, decide hoy cambiar tu mentalidad y siéntete orgulloso/a del camino que ya has recorrido. Ahora, utilizarás toda tu fuerza creadora.

Sinceramente estoy orgullosa y profundamente agradecida por quién soy, lo que he hecho con mis experiencias, lo que hago y lo irradio a este mundo mágico. Y espero que TÚ también hagas eso. Siéntete orgulloso/a de ti mismo/a, sé agradecido/a e irradia la esencia de tu alma a este mundo, sin lugar a duda, porque es como tu huella digital personal.

Con la nueva mentalidad que estás creando, eres un imán para lo bueno, para la luz, el amor, la alegría, la felicidad y la abundancia. Otras personas siempre van donde se ofrece abundancia, fuerza, éxito, felicidad y crecimiento en todos los niveles.

Realmente soy una persona, un alma, que quiere la abundancia y la felicidad para todos, porque como ya dije, sé que el universo lo desea así.

Sé la mejor versión de ti mismo/a, vívelo, muéstralo y sélo.

Te sorprenderá lo rápido que te desarrollarás y te sorprenderá enormemente el beneficio en todos los niveles de tu vida.

"Lo que quiero para mí, lo quiero también para los demás." – ¡Eso es realmente amor para mí!

1. Del Pensamiento de Escasez a la Pensamiento de Abundancia:

*   **Cree en la abundancia:** En lugar de enfocarte en lo que te falta, dirige tu atención hacia lo que ya tienes y lo que aún es posible. Cree que hay suficiente para todos y que tú también puedes experimentar prosperidad y éxito.

71

2. Transformar la Duda en Confianza:

- **Fortalece tu autoestima:** Reconoce tus habilidades y talentos. Recuerda los logros pasados y utilízalos como prueba de tu potencial. Celebra cada paso que das hacia adelante. ¡Cada paso en tus niveles de conciencia es un éxito! Celebra tus logros.

3. Transformar los Pensamientos Negativos en Positivos:

- **Reformulación positiva:** Cuando te descubras teniendo pensamientos negativos, haz una pausa y piensa en cómo puedes reformularlos para que sean más positivos y constructivos, o empieza a decir afirmaciones positivas de inmediato.

4. Transformar el Pensamiento de Víctima en Responsabilidad:

- **Asume la responsabilidad:** Reconoce que tienes el poder de hacer cambios en tu vida. Despídete del rol de víctima y reconoce tu capacidad para abordar los desafíos de manera proactiva, ¡porque eres alma!

5. Dejar ir el Perfeccionismo:

- **Acepta la imperfección:** Entiende que la perfección no es necesaria y que los errores son oportunidades para aprender. Permítete ser imperfecto/a y seguir adelante, está bien si algo no sale al 100% de inmediato.

6. Pensamiento Colectivo en lugar de Pensamiento Competitivo:

- **Fomentar la cooperación:** No veas a los demás como competencia, sino como socios en los ámbitos personales y profesionales. Una red de apoyo puede lograr más que un lobo solitario.

7. De una Mentalidad Rígida a una Mentalidad orientada al Crecimiento:

- **Aprende y crece:** Recibe los desafíos como oportunidades para aprender. Confía en que puedes crecer a través de la perseverancia y que ya hace mucho tiempo preparaste las herramientas adecuadas para cada desafío.

8. Cultivar Gratitud en lugar de Insatisfacción:

- **Practica la gratitud:** Lleva un diario en el que escribas regularmente las cosas por las que te sientes agradecido/a. Esto aumenta la sensación de felicidad y ayuda a mantener una actitud positiva.

9. Transformar los Miedos en Valentía:

- **Valentía en lugar de miedo:** Reconoce que la valentía no es la ausencia de miedo, sino la decisión de actuar a pesar del miedo. Sal conscientemente de tu zona de confort para poder crecer.

No más Tratos

Ya no hagas tratos con el miedo o la ansiedad, con el plano de las sombras. Ya no lo necesitas. Ahora has destapado esa farsa y sabes quién eres y qué eres, lo que está disponible para ti en tus verdaderos niveles de luz, niveles de conciencia y niveles del alma. ¡No más tratos!

Quiero explicarte brevemente a qué me refiero con esto.

Sabes que tu energía siempre fluye en una dirección, la dirección hacia la que va tu enfoque. Hacia donde va tu energía, van tus emociones, de ahí se crean tus pensamientos, y naturalmente, de esos pensamientos surgen acciones. ¡Las acciones son las acciones reales en esta Tierra, lo que manifiesto en esta Tierra! Así que no se queda solo en un campo energético, sino que se arrastra hacia la realidad.

Recuerda también el campo toroidal.

Las acciones son decisiones que se atraen hacia tu energía vivida, pensada y sentida aquí en la Tierra. Ahora, sabemos que cada decisión, cada acción, cada movimiento desencadena un flujo de energía y naturalmente una reacción, de las personas, del mundo, de los campos de energía, del universo. Todo en este mundo vive de acción y reacción, o viceversa, una reacción, una acción.

Piénsalo por un momento: ¿qué ocurre cuando cada una de tus acciones es desencadenada por la energía del miedo, la ansiedad, o una creación de sombras?

¿Qué tipo de reacciones crees que recibirás y, lo más importante, ¿qué sucede cuando tus acciones llenas de miedo y pánico se encuentran con una reacción aún mayor de miedo y pánico?

Creo que no hace falta imaginarlo.

¿Qué pasa si ahora tu enfoque, tu maravillosa energía, tus acciones, se dirigen totalmente hacia lo positivo?

Será un espectáculo de fuegos artificiales de lo bueno que regresará hacia ti y llenará toda tu vida.

Nunca olvides que el estrés y un modo constante de supervivencia pueden afectar gravemente al cerebro y al bienestar mental. Para contrarrestarlo y fomentar la sanación, existen ejercicios y prácticas específicas que pueden ayudar a reducir el nivel de estrés y fortalecer la salud del cuerpo y la mente.

Aquí están algunas metodologías efectivas resumidas:

1. Trabajo de respiración:

- **Respiración profunda:** Acuéstate cómodamente y coloca una mano sobre tu abdomen y la otra sobre tu pecho. Respira profundamente por la nariz, dos veces, de manera que se levante tu abdomen y luego tu pecho, y exhala rápidamente por la boca. Inhala, inhala, exhala. Inhala, inhala, exhala. Este tipo de respiración activa el sistema nervioso parasimpático y promueve la relajación, ya que liberas todo lo que está atrapado en tu cuerpo. La respiración penetrará a través de todos tus niveles de conciencia y abrirá todo, para que nuevamente seas ese maravilloso recipiente dorado en el que tu alma puede brillar.

2. Relajación muscular progresiva:

- **Tensar y relajar:** Trabaja conscientemente a través de diferentes grupos musculares en tu cuerpo, tensándolos y luego soltándolos, naturalmente apoyado por tu respiración. Esto ayuda a reducir las tensiones físicas y a crear una sensación de relajación.

3. Meditación de atención plena:

- **Presencia en el momento:** Siéntate en un lugar tranquilo, concéntrate en tu respiración e intenta observar cada pensamiento sin juzgarlo, antes de redirigir tu atención suavemente a la respiración. Pide al Arcángel Metatrón que te apoye y aprende a practicar la atención plena. Así accederás a tu suavidad y podrás soltar. Esta práctica fomenta una mente tranquila y reduce los síntomas de estrés y la liberación de hormonas del estrés.

4. Movimiento físico:

- **Actividad regular:** Encuentra una forma de actividad física que disfrutes, ya sea caminar, correr, hacer yoga, jugar al tenis o bailar. El movimiento libera endorfinas, que ayudan a reducir el estrés y fortalecen el cerebro.

5. Mejorar la higiene del sueño:

- **Ritmo de sueño regular:** Presta atención a un ciclo de sueño saludable, acostándote y despertándote a la misma hora todos los días. Un sueño reparador es esencial para la curación y recuperación del cerebro. Antes de dormir, invoca al Arcángel Rafael y pídele que te envuelva, para que puedas dormir tranquilamente y protegido/a.

6. Nutrición e hidratación:

- **Dieta equilibrada:** Mantén una dieta nutritiva que sea rica y equilibrada, con antioxidantes, minerales y vitaminas para apoyar la salud del cerebro. No olvides beber suficiente agua. En mi página web encontrarás 2 productos geniales con los que trabajo.

7. Ejercicios mentales:

- **Entrenamiento cerebral:** Utiliza acertijos, crucigramas u otros juegos mentales que estimulen el cerebro y apoyen su función. Estos ejercicios ayudan a mantener y mejorar las capacidades cognitivas.

8. Fortalecer los vínculos sociales:

- **Interacciones positivas:** El apoyo social es crucial para la salud mental. Pasa tiempo con familiares y amigos que te den fuerza y te ayuden a promover emociones positivas y reducir el estrés. Puedes invocar fácilmente a Lakshmi en tu vida, ¡ella conecta!

9. Visualización y establecimiento de metas:

- **Crear imágenes positivas:** Visualiza regularmente escenarios o metas positivas, como lo has aprendido en el nivel de diseño. Esta técnica de tu lienzo dorado puede entrenar al cerebro a enfocarse en resultados positivos y reducir el estrés.

Al integrar estos ejercicios en tu rutina diaria, podrás reducir eficazmente los niveles de estrés y alinear el cerebro y la mentalidad con la curación y los cambios positivos. Ten paciencia contigo mismo/a y reconoce que la curación requiere tiempo y cuidado continuo.

No tengas miedo de tu propia luz, siéntete feliz por tu luz, por tu alma, tu belleza y tu potencial.

Bienvenido/a al mundo mágico de las energías

Déjame llevarte en un maravilloso viaje, profundamente hacia el misterio y la magia de los mundos invisibles. Es un mundo que existe más allá de la realidad física, un mundo que cobra vida a través de mi clarividencia y te ofrece una visión de la dimensión astral, el universo, todos los maravillosos ayudantes, las almas y las energías que nos rodean.

El Mundo Astral: Una dimensión de magia

En el mundo astral se despliega un universo lleno de luz y vitalidad. Esta esfera, que no está limitada por ninguna ley física, pulsa en un caleidoscopio de colores, frecuencias y vibraciones. Aquí, las almas danzan en formas y patrones que el ojo humano no puede captar fácilmente, pero que están marcados por una belleza infinita.
Este mundo está lleno del amor incondicional y la sabiduría de los ayudantes astrales, seres de luz que siempre están listos para apoyarnos y guiarnos. Su presencia es un recordatorio constante de que nunca estamos solos, de que la ayuda siempre está cerca, solo debemos abrirnos a ella.

Energías que nos rodean

En la Tierra, en nuestro ser cotidiano, estamos rodeados por una red invisible de energías, nuestra aura. Estas energías fluyen dentro y alrededor de nosotros, llevando historias de alegría, esperanza y también de desafíos. A través de mi clarividencia, puedo ver el aura y los campos energéticos que rodean a cada ser vivo; son las imágenes coloridas de nuestros mundos internos.
Cada movimiento, cada pensamiento y cada emoción deja una huella y contribuye a influir en el equilibrio energético de todo el

planeta. Al ser conscientes de estas energías, reconocemos la conexión indestructible que existe entre todos nosotros.

El Origen de las Almas: Un milagro cósmico

Cada alma surge de la fuente mágica llena de luz y amor, la fuente divina. Esta energía originaria es nuestro hogar, una melodía familiar que resuena en lo más profundo de nuestro ser y con la que estamos también conectados en la Tierra: el alma superior, el núcleo divino. El viaje del alma es un retorno a esta indescriptible belleza y perfección.
Al encontrarnos con nuestra propia alma, se abren nuevas dimensiones de comprensión y aceptación. Es una invitación a recibir con los brazos abiertos nuestra esencia y a abrazar nuestro destino.

El Poder Mágico del Amor

Todo lo que experimentamos en estos mundos se mantiene unido por el poder mágico del amor. Es la fuerza que impulsa cada danza atómica, cada búsqueda de crecimiento y cada acto de conexión. En el amor encontramos las respuestas a nuestras preguntas más profundas y la sanación para todas nuestras heridas.
Que esta descripción sea una invitación a explorar tu propia alma y a descubrir la belleza que espera en cada momento de tu vida. Que este viaje te inspire a vivir la magia del mundo mágico de las energías con valentía y alegría. Ámate a ti mismo/a, porque eres digno/a de amor. Eres el amor, desde adentro y desde afuera. Vive tu poder mágico del amor para ti y luego compártelo con el mundo.

Espero que estas palabras traigan este maravilloso mundo a tu hogar.

¡Reconócelo con tu tercer ojo, siéntelo con tu corazón, deja que te susurre a través de tu mente superior y que tu alma te ilumine con ello!

El Cord Cutting

Cord Cutting es una práctica energética importante que ayuda a disolver conexiones energéticas no deseadas o que resultan ser una carga. Estas conexiones, comúnmente conocidas como "cuerdas" o "lazos energéticos", se pueden formar con el tiempo con personas, lugares o situaciones que nos afectan de alguna manera. Estas conexiones energéticas pueden desviar nuestra energía y evitar que vivamos plenamente en nuestro propio poder y claridad.

Significado del Cord Cutting:
1. **Libertad energética:** El Cord Cutting ayuda a liberar cargas energéticas y a deshacerse de influencias que ya no son útiles.
2. **Claridad emocional:** Al disolver estas conexiones, se pueden sanar los lazos emocionales asociados con el dolor, el miedo o el trauma.
3. **Fortalecimiento del Yo:** Permite que retengas más de tu propia energía y accedas a tu fuerza personal.
4. **Fomento del crecimiento:** Sin la carga de energías viejas, puedes crecer de manera más libre y dar la bienvenida a nuevas experiencias sin prejuicios ni restricciones.

Al igual que limpiar un jardín de malas hierbas, el Cord Cutting permite disolver las conexiones energéticas de manera consciente que ya no contribuyen a nuestro mayor bien. Es un acto de autocuidado que nos ayuda regularmente a crear el espacio necesario para que podamos crecer y prosperar. Liberados de energías ancladas, ganamos claridad, vitalidad y la libertad de diseñar nuestras vidas con propósito.
El Cord Cutting ilumina aquellas áreas que, a menudo de manera inconsciente, nos afectan, y nos brinda la oportunidad de liberar apegos y emociones que ya no nos sirven. Es el acto de soltar los hilos energéticos que agotan nuestras reservas de energía y limitan nuestro potencial completo.

Sin la distracción de viejas conexiones, eres capaz de enfocar tu energía en lo que realmente es significativo y te proporciona alegría. El Cord Cutting no solo es un acto de liberación, sino también un paso poderoso hacia una vida más consciente y plena. Al revisar y disolver regularmente las conexiones antiguas, mantienes tu espacio energético y creas el patrón energético de tu vida en armonía y luz.

Ejercicio del Cord Cutting con la ayuda del Arcángel Miguel, Ganesh, Kali y Maat:

Ahora aprenderás cómo cortar todas las conexiones. ¡Te deseo mucha diversión!

Preparación:

1. **Encuentra un lugar tranquilo:** Siéntate cómodamente, relaja tu cuerpo y respira profundamente varias veces. Encuentra tu centro y siente el rayo de luz dorada de la Madre Tierra y el Universo envolviéndote por completo.
2. **Establece una intención clara:** Di en tu mente o en voz alta que deseas liberar todas las conexiones energéticas que no sirven a tu bienestar superior y que no corresponden a luz, amor y alegría, y que te impiden ser tú mismo/a.

El Ejercicio:

1. **Invoca al Arcángel Miguel:** Pide al Arcángel Miguel, con su poderosa espada de luz, que corte todas las conexiones energéticas presentes que ya no sirven a tu mayor bien. Ya sea que vengan de cualquier tiempo, nivel, dimensión, situación, karmáticas o del aquí y ahora, sin importar si son pequeños hilos de seda, cuerdas gigantes, ligas, cadenas, enredos o apegos pegajosos, todo será cortado ahora. No importa si estas conexiones van de ti hacia otra persona o de

otra persona hacia ti. Visualiza cómo él corta suavemente pero con firmeza esos lazos con su espada mientras respiras profundamente y, al mismo tiempo, se eliminan todos los extremos.

2. **Invoca a Ganesh:** Ahora invita a Ganesh a eliminar todos los obstáculos que te impiden soltar por completo. Visualiza cómo su energía elimina todas las bloqueos y conexiones negativas, limpiando por completo.

3. **Invoca a Kali:** Imagina cómo Kali, con su energía audaz y transformadora, hace que todas las energías y conexiones negativas se incendien en llamas y se limpien, para que se liberen de ti y se transformen en luz.

4. **Pide ayuda a Maat para el balance:** Ahora invoca a Maat para que te ayude a recuperar el equilibrio y la sanación después del Cord Cutting. Visualiza cómo ella usa la pluma de la verdad, la claridad y el amor para equilibrar tu corazón y tu alma, trayendo armonía.

Cierre:

*   **Expresa gratitud:** Agradece al Arcángel Miguel, Ganesh, Kali y Maat por su apoyo y guía, y por supuesto, también dale las gracias a tu energía dorada.
*   **Conexión con la tierra:** Imagina que el rayo dorado de luz fluye desde tus pies hacia la Tierra, conectándote y arraigándote, y que desde tu cabeza el rayo dorado se extiende hacia el Universo, con una energía 100 veces más fuerte regresando hacia ti y llenándote completamente. Siente lo hermoso/a que ahora eres.
*   **Regresa a la habitación:** Respira profundamente, abre tus ojos y muévete un poco para estar totalmente presente en el aquí y ahora.

Este ejercicio puede ayudarte a liberarte de viejas energías que no te sirven y a redescubrir tu propio poder personal. Realízalo tantas veces como sientas que es adecuado para fomentar la claridad y la libertad en tu vida energética y espiritual.

Liberación de energías ajenas

Las energías ajenas son energías que no pertenecen a tu propio sistema energético natural, pero que aún así pueden influir en ti. Estas energías pueden provenir de diversas fuentes y adoptar diferentes formas:

Origen de las energías ajenas:

1. **Energía emocional de otros:** A veces absorbemos los sentimientos y estados de ánimo de otras personas, especialmente cuando estamos cerca de ellas o tenemos una conexión emocional con ellas. Esto puede ocurrir de manera consciente o inconsciente.
2. **Ambientes negativos:** En lugares donde hay mucho estrés, conflicto o tristeza, esas energías pueden quedarse en la atmósfera y ser absorbidas por nosotros.
3. **Conflictos no resueltos:** Las conexiones emocionales o energéticas con personas del pasado, con quienes existen asuntos no resueltos, también pueden actuar como energías ajenas.
4. **"Residuos" energéticos:** Al interactuar con otras personas o situaciones, pueden quedarse o ser absorbidos "residuos" energéticos de las creaciones de sombras, especialmente si eres una persona empática o sensible.

Impacto de las energías ajenas:

- **Confusión emocional:** Podrías experimentar sentimientos o pensamientos que no son típicos en ti, lo que puede generar confusión o malestar.
- **Pérdida de energía:** Cargar con energías ajenas puede ser agotador, ya que estas pueden reducir tu propia cantidad de energía.

- **Dificultad en las decisiones:** Las energías ajenas pueden afectar tu claridad y capacidad de tomar decisiones, cubriendo tus pensamientos y sentimientos verdaderos.

Lidiar con las energías ajenas:

Para minimizar la influencia de las energías ajenas, es importante realizar prácticas regulares de limpieza energética, como la meditación que se menciona a continuación, o el ya aprendido Cord Cutting, y por supuesto, trabajar con las energías doradas. También, establecer límites emocionales y energéticos claros puede ayudar a reducir la absorción de energías ajenas y, sobre todo, a evitar las creaciones de sombra.

Un manejo consciente de tu propia energía puede ayudarte a ser más capaz de distinguir lo que realmente te pertenece y lo que no, cuáles son las creaciones de la esfera de sombra y cuáles provienen de la fuente divina. Créeme, esto se vuelve muy claro rápidamente, y de esta manera alcanzarás un equilibrio energético más saludable y armonioso.

Ahora te mostraré cómo puedes liberar las energías ajenas y recuperar tu verdadera energía, apoyado por el Arcángel Miguel, el Arcángel Rafael y la Madre Divina:

Ejercicio: Regreso a tu verdadera energía

Preparación:

1. **Encuentra un lugar tranquilo:** Siéntate cómodamente, cierra los ojos y toma unas respiraciones profundas y relajantes para centrarte. Encuentra tu centro y siente el rayo de luz dorada que te nutre desde la Madre Tierra y el Universo. Estás completamente envuelto/a en ese rayo.
2. **Establece tu intención:** Declara en tu mente o en voz alta que estás listo/a para liberar todas las energías ajenas y limpiar completamente tu propia energía para recuperarla.

El Ejercicio:

1. **Llama al Arcángel Miguel:** Pide al Arcángel Miguel que te rodee con su luz protectora azul y dorada. Imagina cómo esta luz disuelve cualquier energía ajena y la retira suavemente de tu campo energético. Di: *"Querido Arcángel Miguel, ahora he decidido liberar todas las energías ajenas. Con esto, todas las energías ajenas dejan mi campo energético y regresan a su lugar de origen, al lugar de donde provienen. ¡Ahora, para el bien de TODOS!"* Ve y siente cómo él devuelve esas energías a sus lugares originales.
2. **Pide al Arcángel Rafael:** Invita al Arcángel Rafael a inundar tus campos energéticos con su luz dorada y sanadora, verde esmeralda. Esta luz sanadora ayuda a cerrar viejas brechas y te devuelve tus energías verdaderas. Di: *"Querido Arcángel Rafael, te pido que traigas con tu luz dorada toda mi energía verdadera de regreso a mí, toda la energía que tal vez haya dado, que me fue tomada o que perdí en algún lugar. ¡Toda mi energía regresa ahora a mí, al mejor lugar dentro de mi*

sistema energético! ¡Muchas gracias! Por favor, fortalece ahora mi sistema energético para que esté armonioso y saludable."

3. **Conéctate con la Madre Divina:** Pide a la Madre Divina que te rodee con su amor infinito y su protección. Como una manta cálida, ella envuelve su energía alrededor de ti y te protege. Imagina cómo, con una luz cálida, ella llama tu energía perdida de vuelta a tu ser para regenerar y llenar tu esencia. Siente una profunda gratitud por su amor.

Integración:

- **Visualización:** Ve y siente cómo tu propia energía verdadera fluye suavemente hacia ti en un torrente de luz dorada, llenando tus células y tu ser hasta que vuelvas a ser completamente tú mismo/a.
- **Gratitud:** Da gracias al Arcángel Miguel, al Arcángel Rafael y a la Madre Divina por su ayuda y protección durante este proceso.

Regreso:

1. **Enraizar y conectar con tus niveles de conciencia:** Imagina cómo tomas tu conexión dorada con la Tierra, dejando que crezcan raíces que te enraízan profundamente en la Tierra. Luego, siente cómo tu rayo de luz sube desde tu cabeza hacia el Universo, pasando a través de todos tus niveles de conciencia, hasta tu corazón superior y tu alma superior.
2. **Respiración consciente:** Respira profundamente varias veces y ábrete al amor universal. Luego, abre los ojos y, con un poco de movimiento, vuelve a estar plenamente presente en el espacio.

Este ejercicio te ayudará a devolver amorosamente las energías ajenas y anclar nuevamente tu propia energía pura. Si practicas regularmente, podrás experimentar un sentimiento más profundo de claridad y conexión contigo mismo en tu vida diaria.

El Lienzo Dorado- para Liberar

El lienzo dorado es una herramienta poderosa de transformación que nos ayuda a convertir los aspectos negativos de nuestra vida en luz y paz. Nos ofrece un espacio seguro para liberar todo lo que nos pesa y nos envuelve en sombras, disolviéndolo en energías positivas y sanadoras.

La aplicación del lienzo dorado:

1. Prepárate:

- Busca un lugar tranquilo donde no te interrumpan. Siéntate cómodamente, cierra los ojos y respira profundamente para centrarte y calmar tu mente. Encuentra tu centro y siente el rayo de luz dorada que te nutre desde la Madre Tierra y el Universo. Estás completamente envuelto/a en él.

2. Imagina el lienzo dorado:

- Visualiza ante tus ojos internos una gran pantalla resplandeciente hecha de oro puro. Esta pantalla también está alimentada por la Madre Tierra y el Universo. Este lienzo es pura energía dorada, por lo que es vivo, fluido y está listo para recibir todas las energías que desees transformar.

3. Transfiere las sombras:

- Mentalmente coloca todas las cosas negativas sobre el lienzo: todos los miedos, preocupaciones, situaciones dolorosas y las personas que te causan dificultades. Siente cómo liberas estas energías de tu cuerpo y tu mente, y suavemente las transfieres al lienzo dorado.

4. Comienza la transformación:

- Ve cómo el oro del lienzo recibe con amor cada una de estas energías perturbadoras, las envuelve y las transforma en luz y sabiduría. El lienzo trabaja incansablemente para convertir cada oscuridad en un brillante resplandor.

5. Recibe el polvo dorado:

- Imagina que de esta transformación surge polvo dorado, que desciende suavemente sobre ti. Este polvo dorado está lleno de sanación, paz y nueva energía. Siente cómo te limpia y te fortalece mientras penetra en cada célula de tu cuerpo y llena cada molécula de tu aura.

6. Entrega el lienzo:

- Ahora entrega el lienzo dorado, que contiene todas estas energías transformadas, a la Madre Divina y a Cristo. En tu imaginación, ellos reciben el lienzo con amor y lo llevan hacia arriba al Universo, donde el lienzo se convierte en oro, lo que intensifica la sanación y la paz, y el polvo dorado sigue cayendo sobre ti como una bendición.

7. Expresa gratitud:

- Da gracias a la Madre Divina y a Cristo por su presencia y apoyo. Siente la gratitud en tu corazón por la transformación que has experimentado.

8. Regresa:

- Trae tu atención de vuelta al espacio, abre suavemente los ojos y tómate un momento para disfrutar de la calma y la luz que ahora llevas dentro de ti.

Este ejercicio simple pero poderoso te abre el espacio para soltar verdaderamente las cargas del pasado y transformarlas en una fuente de fortaleza interior, bendiciones y positividad. Reconocerás que tienes el poder de transformar cualquier desafío en una oportunidad para sanar y crecer.

El Lienzo Dorado – Aprende a Manifestar

Cuando me siento a pensar en mis deseos, dejo que mi imaginación y fantasía fluyan completamente libres. De niños, la mayoría de nosotros ya lo hacíamos de manera natural, porque esa es nuestra verdadera fuerza.

A mí siempre me decían en esos momentos que estaba en mi "mundo de sueños".

¿Te suena familiar? ¿Has experimentado algo similar?

Sumergirse en la imaginación y la fantasía fue muchas veces visto como algo negativo. ¡Pero la verdad es que es el poder más grande que poseemos! Y sí, es un mundo de sueños, pero es el mundo de sueños de la dimensión del diseño, el espacio donde se nos permite soñar.

Seguramente, cuando eras niño/a, al igual que yo, te sumergías automáticamente en tu fantasía para desplegar el poder creador que llevamos dentro.

Ese poder creador nos permite manifestarlo todo y es la mágica sustancia de creación que el universo pone a nuestra disposición.

Este poder de creación lo utilizamos a través de nuestra mente, porque nuestra alma sabe exactamente lo que debemos expresar a través de nuestro cuerpo.

Tu poder mental, tu imaginación, tu fantasía y tu capacidad de creación son el puente entre tu alma y tu cuerpo, entre lo invisible y lo visible.

Usa tu imaginación y expresa la magia de tu alma a través de tu cuerpo. Esa es nuestra tarea, nuestra belleza: desplegar aquí toda la riqueza y el amor.

¡Mírate como un ser completo! No solo una parte. Eres la unión de todos los niveles de conciencia en un solo ser.

Nunca cometas el error de enfocarte solo en un aspecto, por ejemplo, únicamente en tu cuerpo, descuidando el inmenso poder creador de tu mente o tu alma. O preocuparte solo por tu desarrollo espiritual, al punto de dejar de ser funcional en la vida cotidiana.

Eres un ser completo: cuerpo, mente y alma. ¡Atrévete a manifestar todo tu potencial!

Usa todo en armonía, ahora puedes hacerlo, porque ya lo sabes. ¡Eres el SER más MARAVILLOSO y ABUNDANTE que existe!

Gracias a Dios, nadie pudo desviarme de mi camino, porque realmente veo este supuesto mundo de fantasía. Veo las energías, el eterno baile de la energía. Mis ángeles me han acompañado toda mi vida y he desarrollado mi don paso a paso, creando conceptos que cualquier persona puede aplicar.

Todos poseemos imaginación y podemos utilizarla, porque ¡todos tenemos un tercer ojo! La imaginación está conectada con el tercer ojo. Todos lo tenemos y podemos usarlo. Tal vez necesites reactivarlo, limpiarlo de todas esas sombras que lo han cubierto. Sí, eso puede ser, pero justo eso es lo que estás haciendo ahora.

Para mí, el tercer ojo es la expresión de nuestra alma. Así que, cuando usas tu imaginación y poder de creación, estás más cerca de tu alma que nunca. En el nivel del alma, todo sucede desde esta frecuencia creadora. No hay límites, los límites solo nos los imponemos nosotros mismos.

Si puedes ver tu objetivo, entonces ya existe para ti. Todo está disponible en abundancia, no necesitas destruir nada ni quitarle nada a nadie, porque la sustancia ya está ahí.

En el momento en que ves una imagen y no la sueltas, el universo está obligado a manifestarla a través de ti. Si sabes lo que quieres, escríbelo. Escríbelo y cuéntate a ti mismo/a lo que ves.

Trae esa imagen ante ti tantas veces como puedas, en tu lienzo mental, y di: *"No sé cómo, pero ¡esto es la verdad!"*

No importa si otros creen en ti, lo importante es que TÚ creas en ti mismo/a, que lo sientas, lo huelas, lo saborees y lo experimentes.

Yo misma me reto constantemente con cosas que parecen estar fuera de mi alcance actual. ¡Atrévete a soñar en grande y nunca te rindas! Ese es el único secreto entre quienes tienen éxito y quienes no. Una persona exitosa simplemente nunca se rinde.

Pero evita las energías de envidia, de menosprecio o el ser ridiculizado por otros. No permitas jamás que esas energías entren en tu imaginación y te hagan dudar de ti mismo/a.

¡NUNCA!

Primero trabaja dentro de ti, en tu alma. Tú y el universo. Encuentra armonía con tu visión, con tu imagen.

Armonía, equilibrio, paz, balance y estabilidad son las energías que necesitas para atraer tu deseo, tu meta.

Tu frecuencia debe coincidir con la frecuencia de tu sueño, y entonces será realidad.

Solo puedes atraer aquello con lo que estás en paz. Todo es energía, todo son frecuencias y sustancias.

Cuando alineas tu energía con la de tu deseo, automáticamente abandonas la antigua frecuencia y te sintonizas con la nueva vibración. Esto sucede cuando activas tu imaginación, tu fantasía.

Con tu imaginación, que es tu herramienta más poderosa, puedes viajar a las más altas frecuencias, a otras dimensiones, incluso a otros mundos y al lugar donde todo se crea.

Me siento profundamente agradecida por poder ver todo esto y por ser parte de este maravilloso universo. Me llena de gratitud y reverencia darme cuenta del ser poderoso que soy, y del ser poderoso que TÚ eres.

¿No es increíble?

El poder creador es la fuerza más hermosa, maravillosa, mágica e increíble que existe. Empieza a usarlo hoy mismo. Recuerda la ligereza infantil con la que usabas tu imaginación, sin restricciones, sin dudas. Cuando jugabas a ser princesa, eras una princesa con cada parte de tu ser. Cuando jugabas a ser pirata, lo eras por completo, con todo tu entusiasmo y energía. Atrévete a usar tu energía por completo otra vez. Sueña. Pide. Manifiesta.

¡No hay nada de malo en ello, al contrario! Un deseo nace de nuestra alma. Para mí, los deseos son la manera en que el mundo espiritual nos dice:

"Por favor, permíteme crear algo maravilloso a través de ti."

¿No es hermoso?

Los deseos son la expresión de la sustancia divina, que solo quiere lo mejor para nosotros.

Dite a ti mismo/a:

"¡Ahora los utilizo! Puedo hacerlo y todo llega a mí."
"Cada día me maravillo con los milagros que aparecen en mi vida."
"¡Milagro tras milagro se manifiesta ahora!"
"Un milagro del alma tras otro se despliega en este momento."

Usa tu imaginación y haz visible lo invisible.
Soñar me ha mantenido viva y me ha dado una vida que vale la pena vivir, a pesar de haber tenido probablemente el peor comienzo que uno pueda imaginar.
Sueña y utiliza esta maravillosa sustancia del universo.
Enseñemos a nuestros niños desde pequeños que tienen derecho a soñar, a ver, a desear y a experimentar todo lo que quieran alcanzar.
Que aprendan a escuchar su alma y a manifestar en el mundo todo lo que llevan dentro para esta vida.

Para manifestar, hay 3 puntos clave:

La intención: Es lo que deseamos, lo que queremos expresar. *¡Escucho mi voz interior!*

El propósito: Es lo que nuestra alma anhela y lo que quiere manifestar a través de nosotros.

El entorno social y la energía que nos rodea: ¿La energía a nuestro alrededor nos apoya o nos limita?
Si no es positiva para nosotros, siempre podemos cambiarla. A veces, es necesario hacer cambios. Yo me alejé de mi familia porque su energía era destructiva. Está bien transformar, cambiar o incluso irse si nada ni nadie está a tu favor.

Aquí tienes una guía sobre cómo utilizar el Lienzo Dorado para manifestar tus deseos y sueños:

Manifestación con el Lienzo Dorado

1. Preparación para la manifestación:
- Busca un lugar tranquilo donde no te molesten y siéntate cómodamente. Respira profunda y conscientemente para centrarte mental y emocionalmente. Encuentra tu equilibrio y siente el rayo dorado de luz que te envuelve, proveniente de la Madre Tierra y del Universo.

2. Acceder al nivel de creación:
- Imagina que te encuentras en una esfera silenciosa y clara de infinitas posibilidades: el nivel de diseño. Este es un espacio puro de creación, abierto y listo para recibir tus visiones. Siente el amor incondicional que te rodea. Eres bienvenido/a.

3. Crear el Lienzo Dorado:
- Visualiza una gran pantalla luminosa de luz dorada frente a ti. Su brillo resplandece, listo para captar tus más altas intenciones, sueños y visiones.

4. Proyectar la manifestación en el lienzo:
- Concéntrate en aquello que deseas manifestar: salud, amor, abundancia, plenitud… Dibuja esta visión en el Lienzo Dorado con imágenes vibrantes, emociones intensas y pensamientos claros. Sé lo más detallado/a posible. Puedes visualizarlo como una imagen o como una película. Llénalo con tus emociones: alégrate y siente ya el resultado como si fuera real.

5. Enviar el Lienzo Dorado a través de todos los niveles:

- Observa cómo tu lienzo dorado brilla y desciende desde el nivel de creación a través de todas las capas de conciencia. Deja que impregne cada aspecto de tu ser hasta anclarse en la realidad. Siente la energía de tu visión realizándose en tu vida, haciendo que el lienzo brille aún más.

6. Activar el poder del lienzo:

- Permite que el Lienzo Dorado emita su luz en todas las direcciones, atrayendo sincronicidades y oportunidades que ayudarán a que tu deseo se cumpla.

7. Mostrar gratitud:

- Agradece por la manifestación como si ya hubiera sucedido. Siente la paz y la alegría que surgen de esta realización.

8. Integración y confianza:

- Regresa al momento presente, abre suavemente los ojos y confía en que el Universo ha escuchado tu intención y la manifestará de la mejor manera posible.

Esta poderosa práctica de manifestación te ayuda a mantener claridad y enfoque en tus objetivos, mientras invitas al Universo a apoyarte en la realización de tus sueños. Practícala regularmente para crear una vida auténtica y plena.

Invocación del Orden Divino, la Justicia Divina y la Restitución Divina

La invocación del Orden Divino, la Justicia Divina y la Restitución Divina es un acto poderoso que nos ayuda a traer equilibrio, armonía y sanación a nuestras vidas. Estos conceptos son principios universales, profundamente arraigados en muchas tradiciones espirituales, que pueden guiarnos para encontrar paz tanto interior como exterior. Esta es una energía que puedes restaurar a través de la petición.

El significado del Orden Divino, la Justicia Divina y la Restitución Divina:

1. ## Orden Divino:

   - El Orden Divino nos recuerda que existe un plan superior y una estructura coherente en el universo. Nos invita a confiar en el curso natural de la vida y a actuar de acuerdo con el fluir de la vida.

2. ## Justicia Divina:

   - La Justicia Divina representa el verdadero equilibrio y la equidad en todas las cosas, incluso cuando no es inmediatamente visible. Nos asegura que cada ser recibirá la cosecha justa de sus acciones. Fomenta el perdón y la liberación del rencor.

3. Restitución Divina:

- Simboliza la sanación y la restauración del amor y la armonía. Es la certeza de que todo lo que ha salido de su equilibrio finalmente encontrará su lugar correcto. ¡Todo lo que te pertenece llegará a ti!

Activación con Cristo y Krishna:

Preparación:

1. **Momento tranquilo de contemplación:** Busca un lugar tranquilo donde puedas concentrarte y entrar en meditación. Encuentra tu centro y siente el rayo dorado de luz proveniente de la Madre Tierra y el Universo, envolviéndote completamente.
2. **Establece tu intención:** Conéctate con la intención de pedir apoyo y guía a la presencia divina.

El Ejercicio:

1. Pide apoyo a Cristo:

- Imagina a Cristo de pie ante ti, irradiando una luz divina, listo para apoyarte con su amor y sabiduría infinitos. Pídele que te ayude a restablecer el Orden Divino en tu vida, permitiéndote encontrar la paz interior y comprender que todo tiene un propósito. Deja que su luz abra tu corazón al entendimiento y la aceptación, y confía en que Él devolverá todo en tu vida a su orden divino.

2. Invoca a Krishna:

- ○ Visualiza a Krishna en sus múltiples colores y formas, lleno de alegría y sabiduría divina. Pídele ayuda para experimentar la Justicia Divina, entendiendo que todo lo que sucede es parte de un plan mayor. Permite que su música y alegría llenen tu corazón de paz y equilibrio, y confía en que Él traerá justicia divina a toda tu vida.

3. Activa la Reparación Divina:

- ○ Con Cristo y Krishna a tu lado, pídeles que activen la Energía de la Reparación Divina, sanando todo lo que esté fuera de equilibrio en tu vida. Observa cómo su luz conjunta cura heridas, renueva la esperanza y restaura la armonía. Declara con fe: *"Creo en la Reparación Divina. Todo el bien que se ha perdido en la sombra ahora se restablece y trae solo bendiciones a mi vida."*

Integración:
- **Gratitud:** Expresa tu profunda gratitud por el apoyo recibido y por la activación de estos principios divinos.
- **Regreso a la vida cotidiana:** Permite que estas energías trabajen en ti mientras regresas suavemente a un estado de conciencia plena, integrando la paz y la fuerza de esta experiencia en tu día a día.

Esta práctica puede ayudarte a encontrar una profunda paz y confianza, permitiéndote ser guiado por el Orden Divino, la Justicia y la Reparación Divina, mientras creas tu vida con un corazón abierto.

¡A través de un estado de conciencia positiva, puedes transformarlo todo!

Tu línea de tiempo dorada

La idea de las líneas de tiempo abre una perspectiva fascinante para comprender nuestra existencia y nuestras posibilidades. Las líneas de tiempo son trayectorias conceptuales que representan futuros potenciales, los cuales pueden desarrollarse dependiendo de nuestras decisiones, pensamientos y acciones. Cada decisión que tomamos refuerza una línea de tiempo específica y dirige nuestra vida hacia una dirección particular.

Líneas de tiempo: Caminos de potencial

Las líneas de tiempo representan las infinitas posibilidades que tenemos por delante. Son los caminos formados por nuestras decisiones, tanto conscientes como inconscientes. Desde cualquier punto de nuestra vida, podemos dirigirnos hacia futuros diferentes, cada uno de los cuales ofrece experiencias únicas y lecciones valiosas.

La línea del alma: El plan más alto del alma

Entre estas innumerables líneas de tiempo, hay una especial que se conoce como la línea dorada o línea del alma. Esta línea representa el plan más alto de nuestra alma, la plena manifestación de lo que realmente somos. Es el camino del mayor potencial y la realización más profunda, en alineación con el núcleo de nuestra misión espiritual.
La línea del alma es el camino que nos lleva a nuestra mejor versión: una vida llena de amor, alegría y expresión auténtica. Contiene las intenciones y aspiraciones que elegimos a nivel del alma para vivir una vida significativa y plena.

Activación de la Línea del Alma con el Ser Superior

Para vivir en armonía con tu línea del alma, puedes activar esta conexión a través de tu Ser Superior. El Ser Superior, o Mente Superior, es la parte sabia de tu alma que conoce la perspectiva más amplia y te guía amorosamente.

Ejercicio de activación:

1. **Encuentra un lugar tranquilo:** Siéntate en calma, cierra los ojos y relaja tu cuerpo. Respira profundamente para aclarar tu mente. Encuentra tu centro y siente el rayo de luz dorada de la Madre Tierra y del Universo envolviéndote por completo.

2. **Invoca tu Mente Superior - tu Ser Superior:** Imagina cómo una luz cálida y dorada fluye desde arriba y te rodea por completo. Esta luz es la esencia de tu Ser Superior, que siempre te acompaña.

3. **Conéctate con tu línea del alma:** Visualiza tu línea dorada de tiempo frente a ti, extendiéndose hacia el futuro bajo tus pies. Esta línea representa el camino de tu plan más alto del alma. Estás sobre ella y comienzas a caminar unos pasos. Con cada paso, manifiestas tu Ser Superior y tu decisión de recorrer tu camino dorado del alma. Siente la energía de esta línea, su claridad, amor y realización.

4. **Establece la intención:** Pide a tu Ser Superior guía para tomar decisiones que te mantengan en esta línea dorada de tiempo. Confía en que cada elección que refuerza esta conexión te llevará hacia tu mayor bien.

5. **Recibe sabiduría:** Permanece en este estado de conexión y pregunta a tu Ser Superior por mensajes o visiones que te

mantengan unido a tu línea del alma. Confía en las respuestas que recibas.

6. **Regreso:** Regresa al aquí y ahora con unos respiraciones profundas y pequeños movimientos, recordando que siempre estás conectado con tu camino más elevado.

Al practicar regularmente esta conexión, fortalecerás tu alineación con la línea del alma y te permitirá experimentar la vida en su forma más plena y gozosa.

Las 12 capas del alma

Eres el alma más hermosa, el ser más hermoso, casi indescriptible con palabras.
Veamos lo que dice Wikipedia:
Alma = Totalidad de todas las emociones y procesos mentales en el ser humano.
¿Eso es todo?
No, por supuesto que no.
Primero, consideremos las 3 perspectivas diferentes:

1- Perspectiva espiritual/religiosa:

En la mayoría de las tradiciones espirituales y religiosas, el alma ha sido vista como la parte inmortal y no materializada del ser humano. O como la conciencia de una persona, el núcleo de un ser humano, separado del cuerpo.
El alma está relacionada con el subconsciente, la verdadera identidad y la capacidad de crecer espiritualmente.

2- Perspectiva filosófica:

Desde el punto de vista filosófico, este concepto del alma conduce a la profundidad dentro de nosotros, la esencia que otorga al ser humano su unicidad. Se considera que el alma es el asiento de las emociones, los pensamientos y las experiencias personales. Las discusiones filosóficas suelen centrarse en la cuestión de la existencia, la conexión entre cuerpo y mente, y el potencial inmortal dentro de los seres humanos.

3- Perspectiva metafórica:

En esta perspectiva, el alma se describe tanto como el aspecto más profundo del carácter humano, como todas las emociones y la creatividad que habitan dentro de las personas. Se cree que es la esencia que define a un ser humano: tus valores, pasiones y deseos.

El alma creo que siempre ha interesado y, sobre todo, fascinado a la humanidad. Nada es tan desconocido como el alma. Para mí, el alma es, sin duda, el núcleo de nuestra existencia, el centro del ser que descansa en Dios. Tú eres el alma en todas tus facetas. A través de ella, estamos automáticamente conectados con el universo, la fuerza superior, el alma superior, la sustancia inteligente y la conciencia colectiva. Es inmortal, indestructible y capaz de viajar a través del tiempo, el espacio, dimensiones, universos y niveles. No lo diría si no lo supiera. Veo las almas y tengo el honor de comunicarme con ellas cuando es necesario. No hay nada más hermoso, porque son la expresión pura del amor, la compasión, el respeto, la empatía, la comprensión, la gratitud, la gracia, la alegría y la paz. En verdad, nunca estás solo/a, nunca. La bendición de las almas desciende sobre nosotros cada día; que podamos aceptarla o no, no cambia el hecho de que nos bendicen constantemente. Redescubrir tu alma, despertarla y desplegar su belleza puede ser un viaje de toda la vida, pero es un viaje maravilloso, porque en el camino también sanas tu línea del alma, recuperas las partes fragmentadas de tu ser y tu plan del alma se revela ante ti.
Tú eres el alma. Eres parte del Todo divino, eres la sustancia divina. Imagina un inmenso océano: ese es Dios, la fuente de todo. El alma es como una gota de rocío que se ha desprendido del Gran Todo, pero que sigue siendo parte de él. Todo lo que es Dios, lo eres tú también. De ahí surge la afirmación de que somos hechos a imagen y semejanza de Dios.

Lo que aceptas, lo recibes.
Recibes aquello que toleras.
Así de simple es la energía. La forma de energía y el nivel energético que permites y toleras es el que tendrás en tu vida. Si te conformas con los niveles de sombra, todo lo que se encuentra en ese nivel te acompañará. Y aquí volvemos a los niveles de conciencia, que están dispuestos uno sobre otro. Solo cuando dejas de tolerar algo, creces y asciendes a un nivel superior.

El alma es la luz más maravillosa que jamás haya visto, luz dorada pura. En su interior yace un núcleo blanco, rodeado de esta luz dorada pura, y en su exterior, un borde rosado.

Cuando nos elevamos al plano del alma, experimentamos las 12 capas que la rodean.

Son los 12 aspectos del alma, aquellos que nos protegen y que protegen su esencia.

1) Dignidad del alma- Valor
2) Alegría del alma- Ligereza
3) Amor del alma- Bendición
4) Desarrollo del alma- Crecimiento
5) Intuición del alma- Sabiduría
6) Gracia del alma- Suavidad
7) Humildad del alma- Gratitud
8) Paz del alma- Confianza
9) Justicia del alma- Verdad
10) Lealtad del alma- Conexión
11) Riqueza del alma- Abundancia
12) Protección del alma- Seguridad/ Coraje

Todo esto es nuestro derecho de nacimiento.

Cada uno de estos valores son TU derecho de nacimiento.

Eso eres tú, eso ya lo tienes dentro de ti. Todo está presente y solo necesita ser revelado. ¡Porque como energía, ya existe en ti!

LA DIGNIDAD DEL ALMA

La dimensión de la dignidad del alma es la más cercana al alma misma. Está directamente al alrededor del alma. Cuando sientes tu propio valor, cuando te tratas a ti mismo/a y a cada ser vivo con respeto y dignidad, fortaleces esta dimensión del alma.

Debería ser lo más natural para nosotros: la autoestima y la dignidad. Como esta es la dimensión más interna del alma, puedes ver que es tu derecho de nacimiento.

Yo soy la dignidad.
Yo soy el ser más valioso que existe.
Para fortalecer esta conexión, la Divina Madre y la diosa Dana pueden ayudarte.

Pequeña oración:
"Querida Madre Divina y amada diosa Dana, por favor, activad en mí la dignidad del alma y el valor que Dios me ha dado.
Lo llevo dentro de mí y, con cada respiración, esta energía florece en mi ser.
¡Muchas gracias!"

LA ALEGRÍA DEL ALMA

Esta es la segunda dimensión del alma, y aquí podemos ver lo esenciales que son la alegría y la ligereza. Son la energía fundamental del universo. Si creces espiritualmente, tu alegría y ligereza deben crecer contigo. Si eso no sucede, algo no está en equilibrio.
Por lo tanto, este es siempre un buen indicador de si estás en el camino correcto.
La alegría y la ligereza son imprescindibles.
Yo soy la alegría.
Mi ser está lleno de ligereza.
Para fortalecer esta conexión, puedes invocar a Kuthumi y Lakshmi.

Pequeña oración:
"Mi maravillosa Lakshmi y mi alegre Kuthumi, por favor, haced brillar mi alegría interior y mi ligereza.
Sé que soy un ser lleno de felicidad, vitalidad y risa, y os agradezco por ayudarme a vivir y ser eso en plenitud.
¡Muchas gracias!"

EL AMOR DEL ALMA

El amor del alma es la maravillosa tercera dimensión. Quien lleva amor dentro de sí, lo vive y lo comparte, está bendecido/a en la vida. El amor es una bendición. Un corazón lleno de amor es la mayor riqueza que existe. El alma es amor. El universo está lleno de amor. Es la energía de la que estamos hechos.
EL AMOR es TODO, y TODO es AMOR.
Yo soy amor
Yo soy amoroso/a y digno/a de amor.
Para conectar con esta dimensión, puedes invocar a Madre María y Lady Nada.

Pequeña oración:
"Mis más amorosos y benditos seres de luz, Madre María y Lady Nada, por favor, ayudadme a sentir plenamente el amor, a aceptarlo y a darlo.
¡Soy una bendición para este mundo!
¡Muchas gracias!"

EL DESARROLLO DEL ALMA

La maravillosa energía del desarrollo del alma es la esencia misma del universo. Toda la existencia anhela constantemente evolucionar y crecer. Es un impulso natural crecer y mejorar.
Nunca hay un estancamiento, siempre hay crecimiento. ¡Siempre!
No te resistas a ello, fluye con el proceso y disfruta desarrollarte y evolucionar a cualquier edad.
Aprovecha la fuerza natural de esta cuarta dimensión del alma y crece hasta convertirte en la mejor versión de ti mismo/a.
Crece como un alma radiante que derrama su magia sobre el mundo.
¡Yo soy la esencia del eterno desarrollo!
¡Amo crecer!

Para fortalecer esta conexión, puedes invocar a Arcángel Raziel y Melquisedec.

Pequeña oración:
*"Mi querido Arcángel Raziel y maravilloso Melquisedec,
os pido con amor que me bendigan con evolución y crecimiento
eterno, hasta que mi alma esté completamente libre y unida a la
infinita y divina energía del amor.
¡Os agradezco infinitamente por vuestro apoyo!
¡Muchas gracias!"*

LA INTUICIÓN DEL ALMA

¡Cuán importante es nuestra intuición! Nuestra sensación interna, la conexión directa con la divinidad que nos guía y nos orienta.
Esta quinta dimensión del alma es extraordinaria porque despierta la sabiduría dentro de nosotros. Es un reflejo del conocimiento divino, que nos otorga paz interior y nos permite tomar decisiones con claridad.
La sabiduría significa vivir en armonía con las leyes divinas.
Es decir, en armonía con:
Vibración- Todo se mueve
Transformación constante- Todo toma forma
Relatividad- Todo es relativo
Polaridad- Todo tiene su opuesto
Ritmo- Todo sigue un ritmo
Causa y efecto- Toda causa tiene una consecuencia y viceversa
Crecimiento- Todo tiene su tiempo para madurar

Si vives en sintonía con estas leyes, podrás aprovechar tu intuición al máximo.
Estoy profundamente conectado/a con la sabiduría divina.
Soy la intuición en mi vida.
Para fortalecer esta dimensión, puedes invocar
a Yogananda y Babaji.

Pequeña oración:
"Mi bendito y querido maestro Yogananda y venerado Babaji,
os amo profundamente y os agradezco por ayudarme a liberar esta
quinta dimensión y permitir que mi intuición y sabiduría se
desarrollen plenamente.
¡Muchas gracias!"

LA GRACIA DEL ALMA

Esta sexta dimensión del alma es maravillosa. Imagínate si cada ser
humano la tuviera completamente liberada y viviera cada día con
esta gracia divina. ¡No habría más luchas de poder ni competencia!
Así que despertemos juntos esta dimensión y expandamos humildad
y dulzura sobre la Tierra.
Esta dimension, como habrás adivinado también contiene el valor y
la valentía.
La gracia es uno de los valores más hermosos que existen en este
universo. Es la expresión de la dignidad y la belleza interior. Cuando
sientes la gracia y la suavidad en tu corazón, descubres la valentía
para ser quien realmente eres.
¿Notas la belleza que brota de estas energías? La gracia y
la gentileza generan una gran fuerza interna, transformando
instantáneamente tu estructura energética.
Dignidad, amor, belleza, compasión, empatía y valentía llenan mi
corazón.
Yo soy Gracia.
A medida que la gracia divina y la gentileza se despliegan en mí,
fortalezco mi sexta dimensión del alma.
Despierto un nuevo coraje en mi interior.
Para fortalecer esta dimensión, puedes invocar a Mataji y a la Divina
Madre.

Pequeña oración:
"Me inclino ante vosotros, Mataji y Divina Madre, con profundo respeto y humildad. Vosotros me bendecís con la gracia y la gentileza que florecen en mi corazón.
Gracias por regalarme vuestro dulce amor y tocarme profundamente con vuestra gracia, dulzura, dignidad, amor, compasión y empatía.
¡Muchas gracias!"

LA HUMILDAD DEL ALMA

Esta es probablemente una de las dimensiones más malinterpretadas. ¿Por qué?
Porque la humildad suele entenderse de manera errónea. La verdadera humildad no significa sumisión ni despojo del poder personal.
Humildad es el profundo amor y gratitud hacia la fuerza creadora, permitiendo que esta se exprese completamente a través de ti.
¡Qué maravilloso es esto!
Esta séptima dimensión del alma está llena de humildad y gratitud.
La gratitud es la energía dorada más hermosa del universo.
A través de la gratitud creamos y manifestamos, porque solo desde la gratitud la sustancia divina comienza a trabajar para nosotros.
Vivo en profunda humildad hacia la fuerza creadora divina.
Estoy lleno/a y rodeado/a de energía dorada de gratitud.
Para fortalecer esta dimensión, puedes invocar a Cristo y Krishna.

Pequeña oración:
"Querido Cristo y Krishna, qué inmensa gratitud siento por vuestra presencia a mi lado. Con profunda y sincera humildad, me inclino ante vosotros y siento vuestro amor y bendición envolviéndome.
Utilizo la fuerza creadora del universo para el bienestar de todos, para el bien mayor.
¡Gracias de todo corazón por existir!"

LA PAZ DEL ALMA

La octava dimensión del alma representa la paz. La paz que lo llena todo. En la paz solo existen luz, amor, alegría y confianza.
Quien vive en paz, confía plenamente en lo divino.
Desde la paz y la confianza, el crecimiento es natural, y nunca más experimentarás lucha o escasez.
Cuando liberas esta dimensión en tu alma, la paz y la confianza impregnan todas las áreas de tu vida.
Si todos los seres humanos liberaran esta dimensión, la Tierra estaría en completa paz.
Nos volveríamos a confiar los unos en los otros y estaríamos siempre ahí para apoyarnos mutuamente.
Yo soy la paz.
Soy la paz en mi vida, en mi cuerpo, en mi trabajo, en mis relaciones…
Amo y vivo la paz, y traigo confianza.
Para fortalecer esta dimensión, puedes invocar a Parvati y Ganesh.
Madre e hijo: Parvati representa la paz y Ganesh la confianza. ¡Qué hermoso!
Y ahora deja que ambos te llenen.

Pequeña oración:
"Querida, hermosa Parvati, y tú, poderoso y encantador Ganesh, por favor estad a mi lado y ayudadme a desarrollar la paz interior, para que fluya en todas las áreas de mi vida.
A partir de hoy, la paz del alma y la confianza profunda son parte inquebrantable de mi existencia.
Estoy infinitamente agradecido/a por su amor y ayuda sin límites.
¡Gracias de todo corazón a ambos!"

LA JUSTICIA DEL ALMA

¡Y ahora llegamos a la maravillosa novena dimensión del alma!
En ella se esconde la poderosa energía de la justicia. La justicia del alma incluye también el orden divino. Y esto tiene mucha lógica: cuando la justicia divina se restablece, el orden divino se manifiesta automáticamente. Cuando el orden divino y el orden del alma se restauran en tu vida, una tercera fuerza entra en acción: La restitución divina.
Sí, esta dimensión del alma tiene tres valores esenciales: Justicia, Orden y Restitución.
Te lo aseguro, y probablemente ya lo sientas, esto tiene un poder inmenso.
Cuando dejas que la justicia divina actúe dentro de ti, invocas al orden divino en todas las áreas de tu vida, permitiéndole que haga lo mejor para ti.
Lo más hermoso es que, al hacerlo, la restitución entra en acción. Esto significa que, sin importar lo que haya sucedido ni cuándo el equilibrio de la justicia del alma y del orden divino se haya alterado, sin importar si fue por tu causa o por influencia externa, todo será restaurado y la restitución se manifestará.
Todo lo que estaba destinado para ti vendrá a ti. Nunca se pierde nada, y lo que te pertenece siempre te encontrará.
¿No es maravilloso?
Amo esta dimensión.
Te invito a activarla, sanarla y fortalecerla.
La justicia divina entra ahora en acción en mi vida.
El orden divino invocado trae paz a mí y a mi vida.
Creo en la restitución divina.
Maat y Kali son la combinación perfecta para esta dimensión, y te aseguro que sentirás su ayuda.

Pequeña oración:
"Mis queridas Maat y Kali, vosotras sois tan poderosas, tan claras, la manifestación misma de la justicia, el orden y la restitución.
Sé que con vuestra ayuda estos tres valores vuelven a entrar en acción, y sobre todo, la restitución divina.
El bien que ha sido víctima de la negatividad será ahora restaurado de inmediato.
La ley eterna de la justicia y el orden está cumpliendo ahora su obra perfecta.
¡Muchas gracias!"

LA LEALTAD DEL ALMA

La décima dimensión del alma está llena de lealtad. Solo tómate un momento para sentir la energía de relajación que genera la lealtad del alma. Lealtad significa constancia, significa confiabilidad y, sobre todo, conexión.
Seguramente ya lo sientes, estos son valores que en el mundo de hoy parecen escasear. Todo parece inestable e incierto. Sentirse conectado, completamente amado/a, aceptado/a y valorado/a… se ha perdido por completo.
Puedes imaginar entonces que esta dimensión está en carencia en la mayoría de las personas. ¿También en ti?
Respira profundo por un instante y haz una pequeña introspección.
Lealtad del alma… ¿puedes sentir esta maravillosa energía que está intrínsecamente ligada a una profunda conexión?
Conexión con uno mismo, con todos los seres vivos, con el universo, con todas las almas, los seres angélicos y con Dios.
Siente cómo la confiabilidad y la estabilidad absolutas se expanden, llenando y fortaleciendo todo tu ser.
Las personas estarían en total paz consigo mismas si esta dimensión estuviera activada en todos, y así el mundo entero.
Restaurémosla, equilibremos y sanemos esta dimensión.
La profunda conexión, confiabilidad y estabilidad crecen ahora en mí.

La lealtad del alma llena mi ser.
Me valoro y puedo confiar plenamente en todo lo bueno.
El Arcángel Raquel y el Arcángel Haniel son la personificación de la lealtad, y ellos te ayudarán en esta dimensión del alma.

Pequeña oración:
"Mi querido Arcángel Raquel y mi maravilloso Arcángel Haniel, gracias por estar ahora a mi lado y equilibrar la décima dimensión de mi alma.
Siento cómo restauráis completamente la lealtad del alma, junto con la conexión y el amor que corresponden.
Con esta restauración, en mí florecen naturalmente la autoestima, la fortaleza, la estabilidad y la confianza.
Os agradezco profundamente por vuestra ayuda y por permitirme sentir la conexión con todos los seres vivos.
¡Muchas gracias!"

LA RIQUEZA DEL ALMA

Esta es la undécima dimensión, y aquí entras en la abundancia. La abundancia y la riqueza del alma reflejan la riqueza y la plenitud del universo. Todo está ricamente dotado, todo está lleno, todo busca el crecimiento, todo está impregnado de energía dorada, ¡todo es energía!
Allá arriba, así como aquí abajo en la Tierra. Cada sonido es energía, cada palabra, cada alimento, cada prenda de vestir, cada billete, cada pensamiento… absolutamente todo. Ahora, sumérgelo todo en la riqueza y en la abundancia, entonces caminarás tu camino del alma y lo aprovecharás al máximo. No veas la Tierra como algo separado, es energía… ¡TODO lo es! Por lo tanto, puedes liberarlo todo: como es arriba, es abajo; como es abajo, es arriba. Debes comprender esto con absoluta claridad, solo entonces podrás usar tu llave hacia la felicidad.
Lakshmi y Abundantia pueden ayudarte maravillosamente a activar este flujo de energía en tu vida.

Pequeña oración:

"Mis queridas Lakshmi y Abundantia, mil gracias por vuestra ayuda y por activar mi riqueza y abundancia.
Con vuestro apoyo, dejo atrás todo estado de carencia y todo en mí y a mi alrededor resplandece con vuestra brillante y mágica energía de riqueza, porque sé que todo es energía, y aquí y ahora decido alimentar, cultivar y vivir solo lo positivo.
Con esta restauración, toda la energía positiva de la prosperidad se despliega, todas las puertas y caminos se abren, y la infinita abundancia del universo fluye fácilmente hacia mí.
¡Muchas gracias!"

PROTECCIÓN DEL ALMA

La hermosa dimensión de la protección del alma. Esta dimensión también incluye la seguridad y, sobre todo, el coraje. ¿Cuántas personas se sienten inseguras? Es comprensible, con la cantidad de creaciones de sombras que han surgido en los últimos años. Tantas personas han perdido el valor, pero ahora sabes que la seguridad, en primer lugar, surge desde dentro de ti. Desde tu certeza de que eres profundamente amado/a, de que todo ha sido preparado de la mejor manera posible, de que estás sostenido/a y apoyado/a, de que TÚ te amas tanto a ti mismo/a que has dispuesto para ti todo lo bueno, que eres lo mejor y lo más hermoso que existe. Porque estás conectado/a con tu Mente Superior, con tu alma, con tu corazón superior y con tu núcleo divino: el alma superior, que está inmerso en Dios, seguro, protegido y nutriéndote sin cesar.
¡Wow! Eso infunde un gran ánimo… y ¿qué más se puede decir? Simplemente… ¡WOW!
Para ello, te apoyan con gusto el Arcángel Metatrón y Apolo, dos seres angelicales llenos de fuego y fortaleza.

Pequeña oración:

"Querido Arcángel Metatrón, eres tan fuerte y protector. Sé que en el instante en que te llamo, estás conmigo como una fuerza de la naturaleza, protegiéndome y dándome el valor para lograrlo todo. Junto a ti, querido Apolo, creáis en mí una hermosa sensación de seguridad. Al restaurarse en mi dimensión del alma, florece desde lo más profundo de mi ser.
Nada ni nadie podrá arrebatarme esto jamás, y sé que siempre estáis a mi lado.
¡Muchas gracias!"

Tu Esencia del Alma

Siéntete bendecido/a. Eres la bendición en tu vida, eres la bendición en la vida de los demás. Estás bendecido/a y la bendición te llena. La esencia del alma, esa luz inconfundible en cada uno de nosotros, encarna la verdad más profunda y la pureza de nuestro ser. Es la esencia que permanece intacta ante las circunstancias externas y que proviene directamente de la fuente del universo. Es lo que nos hace únicos, nuestro verdadero yo más allá de todas las máscaras y roles.

¿Qué define la esencia del alma?

Nuestra esencia del alma es un tesoro infinito de amor, sabiduría y potencial. Contiene las memorias y experiencias no solo de esta vida, sino de todos los tiempos, conectándonos con las verdades más elevadas de la existencia. Es la voz de la intuición, el compás interno que nos guía, enseña y consuela. Es tu huella única en el universo.

El resplandor de la esencia del alma

Como una estrella brillante, nuestra esencia del alma ilumina el universo. Atrae lo similar, nos conecta con otras almas en el nivel más profundo y teje una red de luz, amor y conciencia. Su resplandor nos otorga la capacidad de dar amor y sanación, e inspira autenticidad y compasión en nuestra vida cotidiana.

El valor de la esencia del alma

El valor de nuestra esencia del alma es incalculable e inestimable. Es lo que permanece cuando todo lo efímero desaparece, la chispa eterna que da sentido a nuestra vida. A través de su expresión, experimentamos alegría, paz y una profunda conexión con todo lo que existe.

En la búsqueda de nuestro verdadero ser, descubrimos la cualidad preciosa de nuestra esencia del alma: el núcleo del que emergen toda belleza y creación. Al conectar con esta esencia y llevarla al mundo, cumplimos nuestro propósito único dentro del tejido cósmico y enriquecemos el universo con nuestra luz individual.

Anímate a escuchar, a darle espacio a esta parte sagrada de ti y a dejar que la sinfonía de tu esencia del alma resuene en tu vida. Que su luz ilumine tu camino y te guíe en una danza radiante con la vida.

Afirmaciones que despiertan el alma

Las afirmaciones son un camino maravilloso o, más bien, un acompañante maravilloso para cada día. Pide a tu alma que crezca cada vez más. Pídele que despliegue toda su energía y juegue un gran papel en este mundo. Eres el alma única, solo existes una vez. Solo una vez.
Solo TÚ puedes ser TÚ y regalarte a este mundo.
Sueña en grande, sueña en colores, sueña en abundancia.
Te deseo que puedas esparcir magia, ¡tu MAGIA DEL ALMA!
Estas afirmaciones provienen del nivel del alma y te ayudarán a desplegar tu magia del alma desde adentro.
Cada vez que digas una afirmación, abraza en tus pensamientos tu alma.
Disfruta y diviértete desplegando tu magia del alma, y con cada afirmación dicha, deja que tu fuerza brille más.
Vuelve a ser el ser del alma. Cada alma debe poder ser como realmente es y mostrar su belleza, para cumplir con su verdadera misión de vida y así caminar por tu camino terrenal con facilidad, ¡en armonía y paz!

Mi alma puede SER.

Despierto mi alma en los colores más maravillosos.

Soy el SER MÁS MARAVILLOSO y RICO que existe.

Dios es mi fortaleza.

Soy alma, suave y poderosa a la vez.

Soy el alma mágica.

Soy mi alma y ahora vivo mi magia del alma.

Mi magia del alma se despliega y se esparce por sí sola.

Sueño en grande, sueño en colores y manifiesto esto a través de mi cuerpo en este mundo.

Mi alma es mi fuente de energía, por lo que siempre estoy lleno/a de energía.

Mi luz del alma irradia como puro amor en este mundo.

En mi mundo hay paz.

En mi mundo hay alegría.

En mi mundo hay amor.

Soy pura y divina luz de amor.

Soy amado/a por mi alma superior.

Mi luz del alma es infinita, eterna y saludable.

Traigo felicidad, porque mi alma nada en un mar de felicidad.

Todas mis células están inundadas con la luz de mi alma.

Amo el amor y el amor me ama.

Considero la vida como LA oportunidad para regalar amor.

Mi alma ama tu alma y tu alma ama mi alma.

Mi corazón superior late en armonía con el corazón cósmico y mi corazón.
Todo salta en mí de alegría, ya que hay tanto para amar.

Todo el amor y la alegría que hoy doy, vuelve a mí millones de veces.

Estoy en armonía con TODO y con CADA UNO.

Soy un alma maravillosa y me amo a mí mismo/a.

Con mi lienzo dorado en mi nivel de diseño, creo solo milagros.

Mi mente superior me ama tanto y me susurra amor infinito.

Mi alma irradia calor y amor.

Todas las relaciones en mi vida son armoniosas y plenas.

Respiro polvo de alma, inhalo y exhalo.

La sabiduría de mi alma se despliega ahora.
Mi luz del alma brilla como el sol y llena todo en mi vida.
Me amo a mí mismo/a y mi corazón rebosa de este amor.

Mi alma resplandece.

La sabiduría y la inteligencia espiritual son una energía vibrante en mi vida.

Amo mi vida, me amo a mí mismo/a, amo a mi familia y a mis amigos, y ellos me aman.

Nací para amar y ser amado/a.

Soy lo bueno.

Mi Blueprint posee todas las herramientas que necesito para tener éxito.

Soy la fuerza del bien de mi alma.

Mi alma es mi fuente de energía.

El amor perfecto del alma está en abundancia, en cada momento, presente.

Amo mi alma y mi alma me ama.

Mi corazón está abierto de par en par y así mi alma irradia a través de él hacia el mundo.

Siempre encuentro amor, sin importar dónde esté o qué haga, porque todas las almas estamos siempre conectadas.

A mi lado crecen TODOS.

Soy rico, toda la riqueza ya está en mi alma.

En mi subconsciente existe un maravilloso equipo de animadores que me animan, me apoyan y me celebran.

Soy rico en energía del alma.

Los milagros siguen ahora a milagros.

Un milagro del alma tras otro, se despliega ahora en mi vida.

Sé que todo lo que sucede es para mi bien.

Perdono a todas las personas que alguna vez me han herido, porque mi alma perdona a su alma y su alma perdona a mi alma.

Mi alma se despliega cada día más y más.

Mi maravilloso ser consciente está profundamente conectado con mi mente superior.

La vida me ama.

El brillo de mi alma llena todo, sin importar a dónde voy.

El resplandor de mi alma es mi mayor protección.

Mi camino del alma florece ahora directamente frente a mí en luz dorada.

Voy por mi camino con total seguridad, porque sé que TODO lo que me pertenece ahora viene hacia mí. Fácilmente, ya que me encuentra.

La divina compensación entra ahora en acción y todo lo que me está destinado viene ahora a mí, desde todas las direcciones del tiempo.

Mi alma salta de alegría y éxtasis.

Mi alma juega un gran papel.

Mi alma despliega ahora cada milagro en mi vida.

Mi alma es un faro brillante de luz, que me lleva a mi más alto potencial.

Confío en la sabiduría y la guía de mi alma, que me llevará por el camino correcto.

Estoy conectado con la infinita fuerza del universo y mi alma es el canal para esta energía divina y universal.

Abrazo los regalos y talentos únicos que están en mi alma y los comparto con gratitud y alegría con el mundo.

Soy un creador tan poderoso y manifiesto ahora todos mis verdaderos deseos del alma en el hechizo de mi luz del alma.

Mi alma es indestructible y está completamente equipada y capaz de superar todos los desafíos que se me presenten.
Honro la santidad de mi viaje del alma y confío en el tiempo divino.

Desde lo más profundo de mi alma encantada, irradio amor, compasión y amabilidad que tocan la vida de los demás.

Merezco recibir todas las bendiciones y la indescriptible abundancia que el universo tiene preparada para mí.

Soy un ser de luz divina y mi destino espiritual es brillar intensamente y dejar una huella positiva en el mundo.

Mi alma es una fuente infinita de amor, compasión, alegría y ligereza, y comparto mi luz con todos los seres vivos.

Confío en mi plan divino del alma, que se despliega ante mí, con la certeza de que cumpliré mi potencial espiritual.

Dejo ir ahora mis creencias limitantes y abrazo todas mis nuevas e infinitas posibilidades que surgen desde lo más profundo de mi alma.

Soy un cáliz de sabiduría divina y permito que la guía divina ilumine el camino de mi alma.

Honro y nutro ahora mi alma con amor propio, autoestima, confianza en mí mismo/a y respeto por mí mismo/a, y de esta manera, también a mis semejantes con compasión, empatía y amor.

Estoy en una maravillosa conexión con la conciencia colectiva del alma y sé que mi luz del alma sirve para la sanación y transformación de todos.

Soy un imán para la energía positiva y las experiencias positivas, y atraigo solo lo más alto y mejor para mi alma.
Creo en el poder natural de mi alma para sanar y restaurar todo, en todas las áreas de mi vida.

Merezco recibir todo el amor, toda la abundancia y todas las bendiciones que el universo tiene reservadas para mí.

Bendigo mi viaje del alma y mi crecimiento, sabiendo que mi evolución espiritual es verdaderamente un proceso sagrado, protegido y encantado.

Recuerda siempre que las afirmaciones surten efecto cuando las repites a menudo, con todo tu entusiasmo, especialmente con todo el amor de tu alma. Elige cada día la afirmación que más resuene con tu alma. Deja que las afirmaciones te sirvan como un recordatorio constante de tu verdadero ser: tu alma.

Escribe tus propias afirmaciones:

La magia de la esencia del alma liberada

Cuando levantas el velo de las creaciones sombrías y dejas que tu esencia del alma se despliegue en toda su magnificencia, comienza una hermosa danza de transformación. Esta esencia es la expresión pura de tu verdadera naturaleza—imborrable, eterna y llena de luz. Una vez que se despliega, actúa como una fuente de infinitas posibilidades que toca y ilumina todos los aspectos de tu vida.

La alegría de vivir tu alma es una experiencia incomparable y profunda. Es como si, después de una larga búsqueda, finalmente llegaras a casa, al puerto de tu verdadera esencia. Cuando vives desde la alegría de tu alma, experimentas una plenitud que va más allá de lo cotidiano—una alegría que surge de la conexión con tu propia verdad y con el universo.

Al vivir tu máximo potencial, abres las puertas a un mundo lleno de maravillas y magia. Cada decisión, cada acción, está impulsada por claridad y autenticidad. Te has convertido en el arquitecto de tu propia realidad. La arquitectura del aura ya no te es ajena, pues has aprendido a dirigir, usar y crear con tus energías. Te deseo que tu lienzo dorado se haya convertido en una parte fundamental de tu vida y que lo utilices a diario, de modo que la armonía y la plenitud se difundan en tus experiencias cotidianas. Tu corazón pulsa al ritmo del universo, y todo lo que hagas estará lleno de significado y alegría. A través de tu tercer ojo, mirarás nuevamente hacia la luz, hacia las maravillosas capas de conciencia. Escucharás nuevamente la voz amorosa de tu mente superior, tu equipo de animadores del subconsciente podrá vitorearte y mucho más. Notarás muchos cambios positivos y maravillosos, también en los diferentes ámbitos de tu vida.

Cuando le das espacio a tu alma para expresarse, comienza la magia de la vida a desplegarse. Atraes experiencias y personas a tu vida que resuenan con tu verdadero ser y que nutren tu crecimiento y tu alegría. La creatividad fluye a través de ti, y encuentras nuevas formas de expresar tu singularidad.

Efectos positivos en los campos de la vida:

1) Finanzas/Dinero:
- Al liberar la esencia de tu alma, atraes abundancia y prosperidad. El dinero es energía, y al liberar tu verdadera energía, también liberas tu energía de dinero. Mereces abundancia y riqueza. Notarás una transformación maravillosa en este aspecto de tu vida, con nuevas oportunidades para crear y compartir prosperidad, que se harán visibles y te permitirán ser generoso tanto al dar como al recibir.
- El concepto del dinero como flujo de energía nos enseña que la prosperidad no solo se mide en bienes materiales, sino también en la libertad y abundancia que podemos crear en nuestras vidas. Al comenzar a liberar tu propia energía interna y brillar en todas sus facetas, puedes invitar a este flujo natural de abundancia y oportunidades a tu vida.
- Si comprendes la prosperidad financiera como una forma de energía, la carencia perderá su significado. Comprendes que se trata de elevar tu frecuencia y liberar la resistencia interna que bloquea el flujo natural.

2) Relaciones:
- En las relaciones, florece la pura integridad y honestidad de tu esencia. Te comunicas con claridad y con el corazón abierto, lo que fomenta conexiones profundas y de confianza. Atraes a personas a tu vida que comparten tus valores y, juntos, celebráis el milagro del amor y el crecimiento mutuo.
- Con esta relación profunda e íntima contigo mismo/a, la vibración de todo tu ser cambia. Irradias una autenticidad y autoconfianza que es irresistible. El amor que te das a ti mismo/a ahora atrae también amor desde el exterior—un amor que es genuino y satisfactorio. Este amor propio creciente se despliega como una flor y atrae la atención del universo.

- En el flujo de esta energía, seguramente entrará una maravillosa relación amorosa en tu vida, o tu relación amorosa constante mejorará enormemente. Una conexión que nutre y enriquece tu alma. Esta relación estará sustentada por la apreciación mutua, la alegría y el apoyo. Reflejará el amor que has cultivado en ti y te brindará la oportunidad de compartirlo con una persona especial.

3) Familia:

- Dentro de la familia, aumentas la armonía y el apoyo. Tu presencia auténtica inspira a tus seres queridos a desplegar sus propias almas. Se crea una atmósfera de aceptación y comprensión incondicional, donde todos son alentados a vivir su propia verdad.
- **Autoconciencia:** Permítete reconocer y celebrar tu propio valor. Esto atrae energía positiva en forma de oportunidades y apreciación. Y el más hermoso regalo que se le puede dar a otro es cuidarse a uno/a mismo/a y brindarle la apreciación y confianza para que también pueda cuidarse.
- **Gratitud:** Practica la gratitud por lo que ya está en tu vida y por cada persona que forma parte de ella. Esto abre la puerta a un flujo más rico, desplazando los pensamientos de carencia y permitiéndote reconocer cuán amado eres.
- **Dar y recibir:** Encuentra un equilibrio en dar y recibir, para fomentar y disfrutar la energía. Cuando das sin esperar nada, creas un canal que también permite recibir. Los milagros suceden en tu familia.
- **Enfoque:** Dirige tu energía hacia proyectos que te entusiasmen e inspiren. Tu entusiasmo genuino generará un potente remolino de expresión creativa y abundancia que entusiasmará a toda tu familia.

4) Carrera:

- En tu carrera profesional, navegas con claridad y determinación. Tus talentos y habilidades fluyen sin esfuerzo, y encuentras satisfacción en el trabajo que se alinea con la

misión de tu alma. Serás reconocido como un líder natural e innovador que inspira a los demás con positividad y visión.
- En el momento en que comienzas a vivir con entusiasmo y pasión, entras en una energía creativa que influye en todo a tu alrededor. Atraes oportunidades y personas que resuenan con tu energía, fomentando el crecimiento y la satisfacción en todos los aspectos de tu vida, y experimentas una sincronización que enriquece tu ser diario. TODAS LAS PUERTAS SE ABREN.
- La clave es escuchar el susurro de tu corazón y encontrar el valor de seguir esta guía interior. Al entregarte a la vida con un corazón abierto, te das cuenta de que tu propósito de vida no es un objetivo distante, sino un camino que se despliega con cada paso que das con alegría y amor.

5) Salud:
- La nueva energía, la alegría, la paz y la esencia del alma completamente desplegada pueden tener efectos positivos profundos en tu salud. Al vivir desde un espacio de armonía interior y entusiasmo, no solo influye en tu bienestar mental y emocional, sino también en tu bienestar físico de muchas maneras, ¡porque todo es frecuencia!
- Sistema inmunológico fortalecido: La alegría y la paz interior favorecen la liberación de neurotransmisores y hormonas positivas, como la serotonina y la dopamina, que fortalecen el sistema inmunológico. Esto aumenta tu resistencia a las enfermedades y mejora el cuidado general de la salud.

- ° Estrés reducido: Cuando vives en armonía con tu esencia del alma, tus niveles de estrés disminuyen significativamente. Esto reduce la liberación de hormonas del estrés como el cortisol, lo que disminuye el riesgo de enfermedades relacionadas con el estrés.

- ° Salud emocional mejorada: La alegría y la paz que experimentas contribuyen a un estado emocional más estable. El equilibrio emocional puede aliviar la depresión y la ansiedad, lo que lleva a una mejor salud mental.

° Energía y vitalidad aumentadas: Tu nueva energía vibrante te da una sensación de vitalidad y dinamismo que revitaliza todo tu cuerpo. Con más energía, alcanzarás tus metas de salud más fácilmente y te sentirás más saludable y lleno de vida.

° Mejor calidad de sueño: La paz y la alegría fomentan un sueño reparador y tranquilo. Un cuerpo descansado se regenera de manera más eficaz, lo que conduce a una mejor salud y un mejor mecanismo de reparación celular.

° Fomento de comportamientos saludables: Cuando tu mente está positivamente enfocada y estás enraizado en tu esencia del alma, es más probable que tomes decisiones saludables—desde la nutrición hasta el ejercicio, pasando por el bienestar social.

° Conexión cuerpo-mente: Tu esencia del alma fomenta una fuerte conexión entre el cuerpo y la mente. Esta unidad ayuda a reducir las molestias físicas y promueve el bienestar general.

Cuando abrazas la magia de tu esencia del alma y vives todo tu potencial, creas una vida llena de maravillas y satisfacción. Tienes el derecho de llevar tu singularidad al mundo, mostrando tus colores y expresando tu verdad. Cuanto más lo hagas, más te convertirás en un faro de autenticidad e inspirarás a otros a hacer lo mismo. En la conexión con tu alma, encontrarás una paz inquebrantable que te dará apoyo en los desafíos de la vida. Sabes que tienes, en lo más profundo de ti, la resiliencia para superar cualquier dificultad con gracia y sabiduría. Esta paz interna da lugar a una alegría que no depende de las circunstancias externas, sino que está enraizada en tu ser. Que este viaje te brinde amor, alegría, paz y una profunda conexión con el mundo a tu alrededor, y que tu entusiasmo sea una poderosa fuente de energía que te impulse con motivación y perseverancia. Te llevará a descubrir nuevos horizontes y a vivir la vida en su totalidad.

Sé un Líder

Hemos llegado al final de mi libro. Has liberado mucho y has recibido muchas herramientas para que nunca más caigas en las creaciones de sombras.

Pero ahora es momento de ponerlo en práctica, llevarlo al presente, a la realidad. Piensa como un/a millonario/a, actúa con fuerza y resistencia, sé la estrella de tu vida y una bendición para el mundo. ¡Eres un líder, con un corazón sanado, que manifiesta sus visiones en el mundo!

Una mentalidad saludable es la clave para tener un éxito verdadero y alcanzar grandes logros en el mundo. Comienza con la convicción de que tienes la capacidad de darle forma activamente a tu vida y hacer el bien. Esta mentalidad allana el camino para éxitos sobresalientes y la realización de tus sueños más audaces.

Imagina cómo comienzas cada día con una visión clara y una creencia inquebrantable en tus habilidades. No ves los obstáculos como barreras insuperables, sino como oportunidades para crecer, como trampolines hacia nuevas posibilidades y SIEMPRE algo hermoso surge de TODO. Con esta actitud, atraes oportunidades y navegas cada desafío con confianza y determinación.

El éxito no es solo alcanzar una meta, sino también el propio viaje. Con una mentalidad saludable, te preparas para dar lo mejor de ti en cada momento y aprender de cada error. Te vuelves más resistente, flexible e ingenioso/a, y estas cualidades te hacen verdaderamente excepcional.

Si combinas esta alineación interna con pasión y trabajo constante, no solo experimentarás el éxito, sino que también serás un faro de inspiración para los demás. Sé un líder y sé que tu compromiso y autenticidad tienen el poder de iniciar grandes cambios en el mundo. Puedes hacer avanzar comunidades, promover innovaciones y hacer una diferencia real en la vida de las personas.

Establece grandes metas, cultiva una perspectiva proactiva y rodéate de personas que te apoyen. Con una mentalidad saludable, estarás más que preparado/a para no solo ser exitoso/a, sino también extraordinario/a. El mundo espera lo que tienes para ofrecer – ¡sal y deja tu huella inolvidable!

Al final de este viaje, ahora te encuentras con un corazón lleno de revelaciones y un alma lista para salir al mundo. Todo lo que has aprendido y sanado hasta ahora es una base valiosa, pero ahora es realmente el momento de poner todo ese conocimiento en acción. Deja atrás las creaciones de sombras del pasado y enfoca tu mirada en el poderoso presente.

Comienza a pensar como un millonario, lleno/a de confianza y visión futurista. Actúa con la fuerza y resistencia de un líder que conoce su destino y está listo/a para vivirlo. Sé la estrella de tu propia vida, ilumina tu camino con la claridad y valentía que llevas dentro. Tu corazón sanado es la fuente de infinitas posibilidades y de profundo compasión.

No eres solo una parte de este mundo – eres una bendición para él. Tus visiones son únicas y significativas, y el mundo está esperando que las manifiestes. Usa tu fuerza interior y haz que tus sueños se conviertan en realidad. Avanza, inspira a otros y crea un mundo de luz y amor a través de tus acciones y tu ser.

Ahora ha llegado el momento. El escenario es tuyo. Haz realidad tus sueños y experimenta la magia que surge cuando la pasión se convierte en realidad. Estás listo/a para enriquecer al mundo con tu luz radiante.

Agradecimientos

Mi querido lector, mi querida lectora,
Escribo estas últimas líneas de mi libro con un corazón lleno de gratitud y reconocimiento hacia ti. Te has embarcado conmigo en el viaje hacia tu alma, ¡y tu presencia y compromiso significan todo para mí!
Me siento verdaderamente honrada de que hayas compartido conmigo la santidad de tu alma. ¡Gracias por abrir tu corazón y tu alma a las sabidurías y percepciones contenidas en las páginas de este libro! Es mi más profundo deseo haber tocado tu alma, haber provocado inspiración y haber podido ofrecerte orientaciones para tu propio camino espiritual hacia el desarrollo y el crecimiento.
Tu dedicación a tu transformación personal y tu voluntad de leer mi libro hasta el final deben llenarte de orgullo y mostrarte lo valiente que eres. Porque escuchar el llamado de tu alma y comenzar el viaje de la auto-reflexión demuestra una fortaleza interna y el deseo en ti de vivir tu máximo potencial.
Por favor, ten claro que TU viaje no termina con las últimas líneas de este libro, ¡sino que realmente comienza ahora!
Integra lo aprendido en tu vida diaria, compártelo con el mundo.
Encanta las almas que te rodean y confía en el poder de tu alma.
Te pueden contar muchas cosas, pero ahora sabes que TODO ESTÁ DENTRO DE TI.
Has preparado todo y eres una maravillosa composición de tu núcleo espiritual, tu ALMA SUPERIOR. En ella reposa tu CORAZÓN SUPERIOR, que está en contacto directo con el corazón cósmico y con tu propio corazón.
Profundamente conectada llega entonces tu ALMA INDIVIDUAL, unida a tu MENTE SUPERIOR, que se extiende hacia tu NIVEL DE DISEÑO Y EL BLUEPRINT.
Luego llega una composición para todo el mundo: el COLECTIVO MASIVO, para luego transitar hacia tu NIVEL INDIVIDUAL, con el cual te deslizas suavemente hacia tu SUBCONSCIENTE, y desde allí se encuentra entrada a tu CONSCIENCIA Y MENTE FÍSICA, donde se convierte en una perfecta sinfonía, la cual se expresa a

través de ti.

¡Eres completo/a!

En tu viaje del alma, siempre que lo necesites, puedes recurrir a este libro o contactarme de cualquier otra forma.

Recuerda siempre: ¡NO ESTÁS SOLO/A!

Nunca lo estarás, porque percibirás la magia de las almas, todas tus ayudas y guías, y quién sabe qué nueva y mágica alma está esperando por ti.

Entonces sabrás que el universo siempre está a tu favor y, sobre todo, a partir de hoy, será tu alma quien te guíe, con su sabiduría ancestral. ¡Confía en el susurro de tu corazón, porque sabes que es el canal de tu alma y de tu Mente Superior, que te protege!

Seguramente recorrerás tu camino del alma, el cual ha sido preparado para ti, con mucha suerte, magia y maravillas.

Y para finalizar, me gustaría regalarte mi afirmación favorita. La amo, porque refleja la confianza infinita en los niveles de conciencia, en Dios, en el Alma Superior, en la Mente Superior y en todos los maravillosos ayudantes.

"Hay polvo de oro en el aire para mí. A través de mi pensamiento decidido, claro y afirmativo, empiezo ahora a absorber este polvo de oro, y precisamente ahora empiezo también a experimentar resultados de polvo de oro."

Desde lo más profundo de mi corazón, muchas gracias y en este sentido, mi alma besa tu alma.

Con profundo amor,

Tu Nadine

Datos de contacto:

Página web:
www.nadinesimmerock.com

Instagram:
@nadine_simmerock

Canal de YouTube, para hacer mis meditaciones (versiones en alemán, inglés y español) y escuchar mis podcasts:
@NadineSimmerock

¡Diviértete con todo!
Tu Nadine